Kinder
kochen
mit Vergnügen

Caroline Green

Kinder
kochen
mit Vergnügen

Mein großes buntes
Kochbuch

Wichtiger Hinweis für Eltern

Einige Gerichte in diesem Buch werden aus Eiern hergestellt.
Dabei sollten Sie darauf achten, daß gerade
bei Eiern die Gefahr einer Salmonellenerkrankung
besonders groß ist. Können Sie für die Qualität der
Eier nicht garantieren, verzichten Sie auf Süßspeisen,
die mit Eischnee zubereitet werden.

Für die deutsche Ausgabe:
© Neuer Pawlak Verlag in der VEMAG Verlags-
und Medien Aktiengesellschaft, Köln
Alle Rechte vorbehalten.
Kein Teil des Buches darf in irgendeiner Form
durch Fotokopie, Mikrofilm oder ein anderes Verfahren
ohne schriftliche Genehmigung des Verlages
reproduziert oder unter Verwendung elektronischer Systeme
vervielfältigt werden.
Aus dem Englischen von Ursula Rahn-Huber
ISBN 3-86146-170-6

Inhalt

Einleitung

Dieses Kinderkochbuch ist die ideale Einführung in die Kunst des Kochens. Mit einfachen Anweisungen und bunten Abbildungen wird die Zubereitung von allerhand leckeren Gerichten Schritt für Schritt erklärt. Doch bevor es ans Kochen geht, wirf bitte einen Blick auf unser Küchen-ABC. Hier werden alle Fachausdrücke, die in den Rezepten vorkommen, genau erklärt. Viel Spaß beim Kochen!

Vor dem Kochen

- Das vollständige Rezept durchlesen.
- Zutaten bereitstellen.
- Schürze umbinden.

Nach dem Kochen

- Benutztes Geschirr und Geräte abwaschen und wegräumen.
- Arbeitsfläche abwischen.
- Zutaten wegräumen.

Sauberkeit

Überall in unserer Umgebung gibt es winzig kleine Bakterien. Die meisten sind harmlos, doch manche sind schädlich und können Nahrungsmittelvergiftungen auslösen. Um Magenverstimmungen zu vermeiden, ist Sauberkeit oberstes Gebot. Folgende Grundregeln sind zu beachten:

- Vor dem Umgang mit Lebensmitteln Hände waschen.
- Schürze tragen und langes Haar zusammenbinden.
- Arbeitsfläche und Spülbecken sauberhalten.
- Schneidbretter sorgfältig reinigen. Für rohes Fleisch und Geflügel immer ein eigenes Brett verwenden.
- Obst und Gemüse waschen. Schalen und sonstige Abfälle in den Kompostmüll.

Sicherheit

Fang nur dann zu kochen an, wenn ein Erwachsener im Hause ist, der dir helfen kann. Achte auf den Hinweis: SICHER IST SICHER: Du findest ihn bei allen Rezepten, bei denen du die Hilfe eines Erwachsenen brauchst. Küchenarbeit ist nicht ungefährlich. Beachte also unbedingt folgende Sicherheitsregeln:

- Bitte einen Erwachsenen darum, den Backofen einzuschalten und achte darauf, daß er nach dem Kochen wieder ausgeschaltet wird.

- Wenn du eine Form oder ein Backblech in den Backofen stellen oder herausholen willst, benutze Topflappen oder Ofenhandschuhe.
- Gehe nie aus der Küche, solange die Herdplatte eingeschaltet ist.
- Pfannen so auf den Herd stellen, daß niemand versehentlich an den Pfannenstiel stoßen kann.
- Elektrostecker und Schalter niemals mit nassen Händen anfassen.
- Beim Umgang mit scharfen Messern ist äußerste Vorsicht geboten! Immer ein Schneidbrett unterlegen und Messer stets mit der Schneide nach unten halten.

Hinweis für Erwachsene

Das vorliegende Buch leitet Ihr Kind mit einfachen, aber bewährten Rezepten zum Kochen und Backen an. Dabei lassen sich naturgemäß gewisse Gefahrenquellen nicht ganz umgehen, etwa im Umgang mit scharfen Messern, Mixer oder Backofen. In welchem Umfang Ihr Kind Hilfe benötigt, hängt von seinem Alter und seiner Geschicklichkeit ab. Dennoch empfehlen wir, Kinder nicht unbeaufsichtigt kochen zu lassen.

Abmessen der Zutaten

Der Erfolg – oder Mißerfolg – hängt wesentlich vom genauen Abmessen der Zutaten ab. Benutze hierzu eine Küchenwaage oder einen Meßbecher.

Küchen-ABC

In den Rezepten werden verschiedene Fachbegriffe der Kochkunst verwendet. Als Anfänger kennst du vielleicht manche dieser Wörter noch nicht. Deshalb erklären wir schon hier, was sie bedeuten:

Abschmecken: Gerichte verfeinern oder Eigengeschmack der Zutaten unterstreichen; meistens geschieht dies durch Würzen mit Salz, Pfeffer, Kräutern oder Gewürzen.

Aufkochen: Flüssigkeit in einem Topf so lange erhitzen, bis viele große Blasen aufsteigen.

Garnieren: Gerichte mit eßbaren Zutaten dekorieren, damit sie noch appetitlicher aussehen.

Glasieren: Mit einem Guß aus Schokolade oder mit in Flüssigkeit angerührtem Puderzucker überziehen.

Kneten: Mit den Händen aus Mehl und Fett oder Flüssigkeit einen Teig bereiten.

Köcheln: Saucen, Suppen und dergleichen bei geringer Hitze garen (Temperatur kurz unterhalb des Siedepunktes).

Passieren: Rohe oder gekochte Speisen durch ein feines Sieb streichen, um Klümpchen zu vermeiden.

Prise: Das ist die Menge, die man zwischen Daumen und Zeigefinger halten kann.

Schaumig schlagen: Für den Kuchenteig Zucker und Butter mit dem Mixer so lange schlagen, bis eine cremige Masse entsteht.

Schlagen: Eiweiß oder Sahne mit dem Schneebesen oder einem Rührgerät kräftig schlagen; die so eingearbeitete Luft macht die Masse leicht und schaumig.

Trennen: Das Eigelb vom Eiweiß trennen. Dazu das Ei vorsichtig am Schüsselrand aufschlagen und in eine Schüssel gleiten lassen. Nun das Eigelb mit einem geschlitzten Löffel herausheben und in eine zweite Schüssel geben.

Unterheben: Zutaten sehr vorsichtig mit einem Schneebesen oder Kochlöffel beimengen; dabei die Masse nicht umrühren, sondern die Zutaten locker unterheben.

Frage vor dem Kochen einen Erwachsenen, ob er Zeit hat; gelegentlich wirst du Hilfe brauchen!

Ernährungstips

Unser Körper benötigt Nahrung und Flüssigkeit, um zu wachsen, fit zu sein, warm zu bleiben und nach einer Krankheit wieder zu Kräften zu kommen. Unser Essen enthält viele verschiedene Nährstoffe. Hierzu gehören vor allem Eiweiß, Kohlenhydrate, Fett, Vitamine und Mineralien. Wenn wir gesund und aktiv bleiben wollen, müssen wir eine Mischung aus all diesen Nährstoffen zu uns nehmen. Bei einer ausgewogenen, vielseitigen Ernährung werden unserem Körper normalerweise alle Nährstoffe zugeführt, die er benötigt.

Eiweiß

Eiweiß fördert das Wachstum und die Bildung von Muskelgewebe, Haaren, Blut und Haut. Die meisten Nahrungsmittel enthalten Eiweiß, doch besonders eiweißreich sind Fleisch, Fisch, Milch, Hülsenfrüchte, Getreide und Nüsse. Darum sollten wir unbedingt jeden Tag eine bestimmte Menge dieser Nahrungsmittel essen.

Kohlenhydrate

Kohlenhydrate sind unsere wichtigste Energiequelle. Sie kommen vor allem in Brot, Getreide und Zucker vor und werden von allen Nährstoffen am schnellsten verdaut. Daher sollten wir morgens zum Frühstück – oder wenn wir einmal einen richtigen Energieschub brauchen – kohlenhydratreiche Kost zu uns nehmen.

Fett

Fett ist eine weitere Energiequelle für unseren Körper. Es kann besonders gut gespeichert werden, und wir benötigen eine bestimmte Menge zum Schutz unserer Organe und Knochen und zur Aufrechterhaltung unserer Körpertemperatur. Fett wird jedoch besonders langsam verdaut, und so essen wir oft mehr davon, als unser Körper braucht. Zu viel Fett aber verursacht Übergewicht. Es kommt vor allem in Butter, Öl, Margarine, Fleisch, Käse, Eiern, Erdnüssen und Schokolade vor.

Vitamine

Vitamine sind für unsere Ernährung besonders wichtig, denn sie sorgen dafür, daß unser Körper die in der Nahrung enthaltene Energie nutzen kann. Es gibt etwa 20 verschiedene Vitamine, und von jedem einzelnen müssen wir eine kleine Menge zu uns nehmen, um fit und gesund zu bleiben. Die wichtigsten Vitamine sind:

Vitamin A: Fördert das Wachstum und sorgt für schöne Haut und gute Augen. Es kommt in Fisch, Leber, Milch, Käse, Butter, Eigelb, Karotten, Tomaten und grünem Blattgemüse vor.

Die Vitamin-B-Gruppe: Hierzu gehören etwa 12 verschiedene Arten von Vitamin B. Wir brauchen sie beispielsweise zur Blutbildung, für gesunde Haare und Haut und zur Stärkung der Nerven. Vitamin B kommt in Fleisch, Eiern, Brot, Getreide, Hefe und Gemüse vor.

Vitamin C: Dieses Vitamin sorgt für die Gesundheit unseres Blutes und unserer Haut und unterstützt Heilungsprozesse in unserem Körper. Es ist in Zitrusfrüchten, Beerenfrüchten, Paprika, Sauerkraut, grünem Gemüse, Petersilie und Tomaten enthalten.

Vitamin D stärkt den Knochenaufbau und sorgt für gute Zähne. Im Sommer beziehen wir es aus dem Sonnenlicht. Im Winter dagegen müssen wir zusätzliche Mengen mit unserer Nahrung aufnehmen. Vitamin D kommt in Eiern, Butter und Lebertran vor.

Vitamin E: Dieses Vitamin sorgt vor allem für den Sauerstofftransport in unsrem Körper. Wir finden es in Nüssen, grünem Blattgemüse, Vollkornbrot und vor allem in Getreidekeimen.

Mineralien

Neben Vitaminen und Proteinen benötigen wir geringe Mengen von etwa zwanzig verschiedenen Mineralien. Die wichtigsten sind Kalzium, Eisen, Salz, Kalium, Magnesium, Jod, Mangan und Zink. Sie sind in Obst, Milch, Nüssen, Getreide, Gemüse, Fisch und Eiern enthalten.

Ballaststoffe

Ballaststoffe enthalten zwar keine Nährstoffe und sind unverdaulich, doch sie helfen uns dabei, andere Nahrungsmittel besser zu verdauen. Die meisten Ballaststoffe liefert die in Pflanzen enthaltene Zellulose. Frische, vollwertige Nahrungsmittel sind also eine ideale Quelle. Empfehlenswert sind Vollkornnudeln und -brot, Naturreis sowie Pellkartoffeln, Gemüse und Obst.

Arme Ritter – einmal anders

Wenn du dir zum Frühstück einmal etwas ganz besonderes wünschst, dann ist dieses Rezept genau das richtige für dich! Aus Brotscheiben lassen sich allerhand lustige Formen ausstechen. Dann in verquirltem Ei wenden und goldbraun braten.

1 Eier aufschlagen und in eine flache Schüssel geben. 1 Teelöffel Worcestersauce zufügen und mit dem Schneebesen verschlagen.

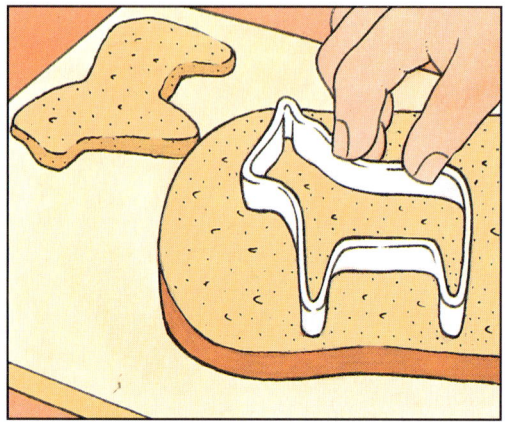

2 Mit dem Messer oder Ausstechformen lustige Figuren aus dem Brot ausstechen oder ausschneiden.

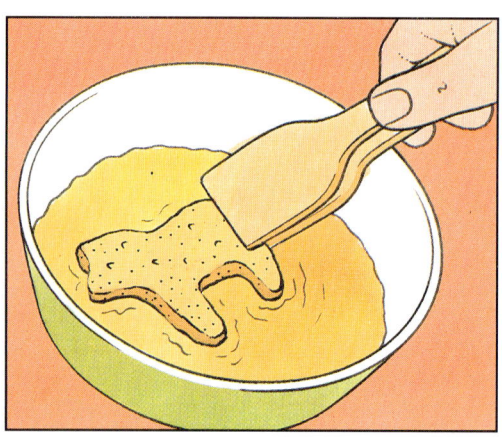

3 Brotfiguren einzeln in Ei wälzen, bis sie gleichmäßig überzogen sind.

4 Etwa 2 cm hoch Öl in eine Pfanne gießen und langsam heiß werden lassen. Temperatur des Öls mit einem kleinen Brotstückchen prüfen: Das Öl ist heiß genug, wenn das Brot zu brutzeln beginnt.

SICHER IST SICHER: *Beim Ausbacken brauchst du die Hilfe eines Erwachsenen.*

Für 4 Personen brauchst du

4 große Eier
Vollkorntoast
1 Teelöffel Worcestersauce
Sonnenblumenöl

5 Mit einem Pfannenwender vorsichtig zwei oder drei Brotfiguren in das heiße Öl geben. Zuerst eine Seite goldbraun ausbacken, dann wenden und die andere Seite bräunen lassen. Aus der Pfanne nehmen und auf Küchenkrepp abtropfen lassen. Auf die gleiche Art alle anderen Brotfiguren ausbacken, abtropfen lassen und servieren.

Buntes Rührei

Dieses Gericht aus verquirlten Eiern, Speck, Champignons und Zwiebeln ist schnell und einfach nachzukochen. Wenn du möchtest, kannst du weitere Zutaten wie Frühlingszwiebeln, gehackte Paprikaschote, Schinken oder Mais verwenden. Portionsweise auf vorgewärmte Teller häufen und mit Toastecken und Tomatenscheiben garnieren.

Für 4 Portionen brauchst du

6 große Eier
1 mittelgroße Zwiebel
4 Scheiben mageren Speck
8 Champignons
25 g Butter, Salz und Pfeffer
4 Tomaten
Toastbrot

SICHER IST SICHER: *Für den Umgang mit dem Messer und beim Braten brauchst du die Hilfe eines Erwachsenen.*

1 Zwiebel schälen, in Scheiben schneiden und dann sorgfältig in kleine Stücke hacken. Schwarte vom Speck entfernen und Speck in Streifen schneiden. Champignons waschen, trockentupfen und vom Stiel zum Kopf in dünne Scheiben schneiden.

2 Eier aufschlagen und in eine Schüssel geben. Mit einem Schneebesen verschlagen, bis Eiweiß und Eigelb gut vermischt sind. Mit zwei Prisen Salz und etwas gemahlenem Pfeffer würzen.

3 In einer Pfanne bei geringer Hitze Butter schmelzen. Zwiebeln glasig dünsten. Speckstreifen und Champignons dazugeben und kurz braten, bis sie gar sind. Dabei immer wieder mit einem hölzernen Wender umrühren.

4 Die Hitze etwas höher stellen und die verquirlten Eier in die Pfanne geben. Mit dem Wender kräftig rühren, damit das Rührei schön locker wird und Speck und Pilze gleichmäßig darin verteilt sind.

Knuspermüsli

Ein gesundes, nahrhaftes Müsli aus
Getreide, Früchten und Nüssen ist ein
ideales Frühstück. Deine Lieblingszutaten
gemischt mit Milch, Joghurt, Honig oder
Zitronensaft - das schmeckt bestimmt nicht
nur dir, sondern auch deinen Freunden.

Du brauchst

Walnüsse und einen Apfel
getrocknete Aprikosen und
   steinlose Dörrpflaumen
Sultaninen und getrocknete
   Bananenscheiben
blättrig geschnittene Mandeln
   und Haferflocken
Vollkorn- und
   Knusperflocken
Zitronensaft
Honig und
   Naturjoghurt

SICHER IST SICHER: *Für den Umgang mit
dem Messer brauchst du die Hilfe eines Erwachsenen.*

1 Walnüsse in kleine Stücke brechen und in eine kleine Schüssel füllen.

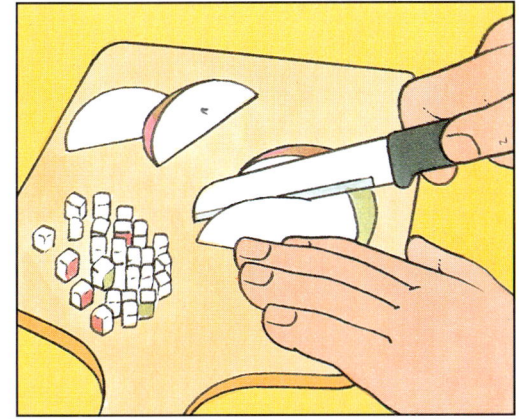

2 Apfel waschen und in Viertel schneiden. Stiel und Kerngehäuse entfernen. In kleine Würfel schneiden. Mit etwas Zitronensaft beträufeln, damit die Apfelwürfel nicht braun werden.

3 Auf einem Schneidbrett getrocknete Aprikosen und Pflaumen mit dem Messer ebenfalls in kleine Stücke schneiden.

4 Flocken, Mandeln und Obst in eine Schüssel geben. Alle übrigen Zutaten in kleinen Schalen anrichten. Milch in einen Krug gießen. Alles auf den Tisch stellen, so daß sich jeder selbst bedienen kann.

Süße Crêpes

Crêpes schmecken toll und sind ganz einfach zuzubereiten. In mehreren Lagen auf einen Teller gestapelt und mit Ahornsirup übergossen, lassen sie jedes Frühstück zum Festschmaus werden. Auch aufgerollt, gezuckert und mit Zitronensaft beträufelt schmecken sie vorzüglich.

1 Mehl und Salz in eine Rührschüssel sieben. Eier aufschlagen und ins Mehl gleiten lassen. Gut durchmischen.

SICHER IST SICHER: *Beim Backen in der Pfanne brauchst du die Hilfe eines Erwachsenen.*

2 Milch und Wasser mischen und nach und nach unter das Mehl-Eier-Gemisch rühren. So lange mit demSchneebesen schlagen, bis ein glatter, dünnflüssiger Teig entsteht.

3 In einer Pfanne etwas Butter schmelzen lassen. Etwa 2 Eßlöffel Teig hineingeben. Die Pfanne schnell schwenken, so daß sich der Teig gleichmäßig und dünn über den Boden verteilt. Etwa eine Minute lang bräunen lassen.

4 Crêpe mit Hilfe eines Pfannen-wenders wenden und die andere Seite goldbraun werden lassen. Crêpe auf einen großen Teller gleiten lassen, mit einem Teelöffel Puderzucker bestäuben und mit etwas Zitronensaft beträufeln.

Für 4 Personen brauchst du

100 g Mehl
2 Eier
1 Prise Salz
200 ml Milch
75 ml Wasser
Butter zum Braten
Zitronensaft
Zucker

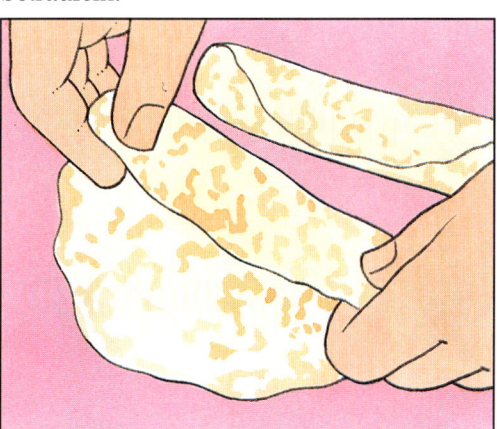

5 Crêpes aufrollen und auf einer Platte anrichten. Noch einmal leicht zuckern und etwas Zitronen-saft darüberträufeln.

Weißbrot

Der Duft von selbstgebackenem frischem Brot ist kaum zu übertreffen! Wenn du dieses Rezept erst einmal ausprobiert hast, wirst du nie mehr fertig gekauftes Brot essen wollen. Den Teig mußt du zweimal gehen lassen, damit das Brot schön locker wird. Diese Zeit kannst du zum Aufräumen nutzen.

SICHER IST SICHER: *Für die Arbeit am Backofen brauchst du die Hilfe eines Erwachsenen.*

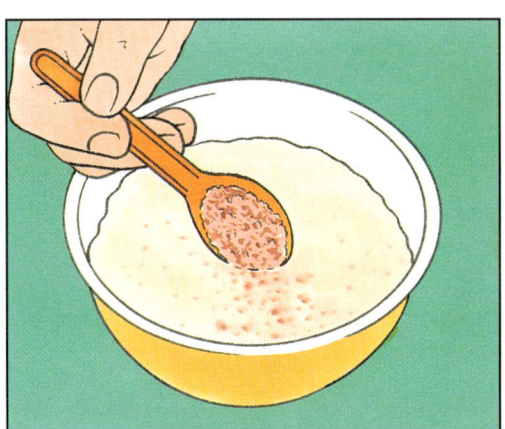

1 Milch und Wasser in einem Topf erwärmen und in eine kleine Schüssel gießen. Zucker hinzufügen. Trockenhefe hineinstreuen und umrühren, bis sie sich auflöst. Vorteig 10 Minuten gehen lassen.

2 Mehl und Salz in eine große Schüssel sieben. Den inzwischen schaumig gewordenen Vorteig und das Öl hineingießen. Den Teig gut durcharbeiten, bis er sich von der Schüssel löst.

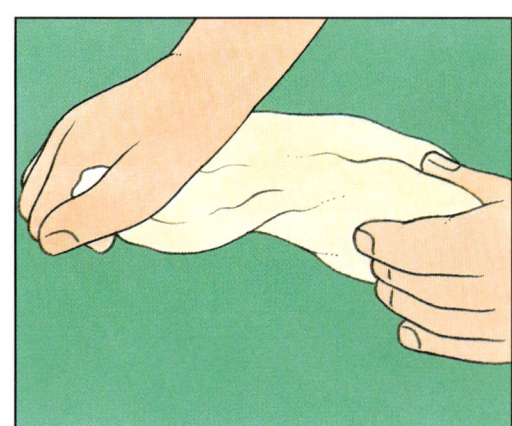

3 Teig auf die Arbeitsfläche legen. So lange kneten, bis der Teig glatt und elastisch ist. In eine leicht geölte Kastenform legen, mit einem Tuch abdecken und 1 Stunde an einem warmen Ort gehen lassen. Während dieser Zeit sollte sich das Volumen des Teiges etwa verdoppeln.

4 Den Teig nochmals etwa 10 Minuten lang kneten, um die eingeschlossene Luft zu beseitigen. Anschließend zu einem länglichen Laib formen und in eine gefettete Backform legen.

5 Den Teig auf der Oberseite mit Milch bestreichen und noch einmal etwa 40 Minuten lang gehen lassen. Backofen auf 190 Grad / Gas Stufe 5 vorheizen. Backzeit 20-25 Minuten. Klopfe mit einem Löffel gegen das Brot, wenn es goldbraun ist: Klingt es hohl, dann ist es fertig.

Du brauchst

350 g Mehl
300 ml Flüssigkeit
  (halb Milch, halb
  Wasser)
1 Prise Zucker
1 gehäuften Teelöffel
  Trockenhefe
1 Eßlöffel
  Sonnenblumenöl
1 Teelöffel Salz
1 Eßlöffel Milch zum
  Bestreichen
Butter zum Einfetten
  der Form

Brötchen

Im vorigen Rezept hast du gelernt, wie man Brot backt. Aus dem gleichen Teig kannst du nun auch die verschiedensten Brötchen backen. Mit Butter und Marmelade schmecken sie gut zum Frühstück. Wer es herzhafter mag, kann sie mit Wurst und Salat belegen.

SICHER IST SICHER: *Für die Arbeit am Backofen brauchst du die Hilfe eines Erwachsenen.*

1 Brotteig wie auf Seite 18 beschrieben zubereiten. **Igel:** Eine Handvoll Teig abschneiden und zu einer Kugel formen. Teig auf einer Seite in die Form einer Nase ziehen und Sultaninen als Augen eindrücken. Damit der Igel auch Stacheln bekommt, schneide den Rücken mit der Schere viele Male ein.

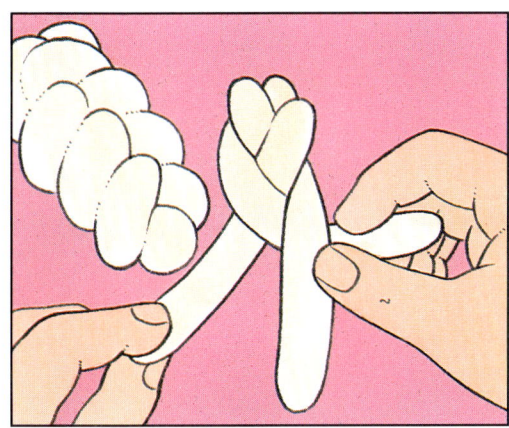

Du brauchst

Brotteig
verquirltes Ei zum
Bestreichen
Sesamkörner
ein paar Sultaninen
Butter zum Einfetten
des Backblechs

2 **Schnecken:** Eine Handvoll Teig
zu einer langen Rolle formen.
Die Rolle von unten beginnend
spiralförmig wie ein Schneckenhaus
aufdrehen.

3 **Zöpfe:** Eine Handvoll Teig in
drei Teile teilen. Gleichmäßig
lange Rollen formen und diese
locker flechten. Enden fest zusammendrücken.

4 **Knoten:** Eine Handvoll Teig zu
einer langen Rolle formen und
daraus einen losen Knoten
binden.

5 Brötchen auf ein gefettetes
Backblech legen und mit
verquirltem Ei bestreichen. Einige
der Brötchen mit Sesam bestreuen.
40 Minuten gehen lassen. Backofen auf
190 Grad / Gas Stufe 5 vorheizen.
Backzeit 15-20 Minuten. Brötchen aus
dem Ofen nehmen und auf einem
Gitterrost abkühlen lassen.

Frankfurter Gesichter

Du brauchst

2 Frankfurter
   Würstchen
1 Tomate
krausen Blattsalat
1 Champignon
längliche Brötchen
Kapern
gefüllte Oliven
Öl zum Braten

Hast du Lust, einmal deine Freunde zum Mittagessen einzuladen? Überrasche sie doch mit diesen lustigen Gesichtern aus Frankfurter Würstchen. Nicht nur aus den hier angegebenen Zutaten lassen sich die verschiedensten Gesichter zaubern. Auch Staudensellerie, Salatgurke, Schinken und Paprikastücke sind geeignet.

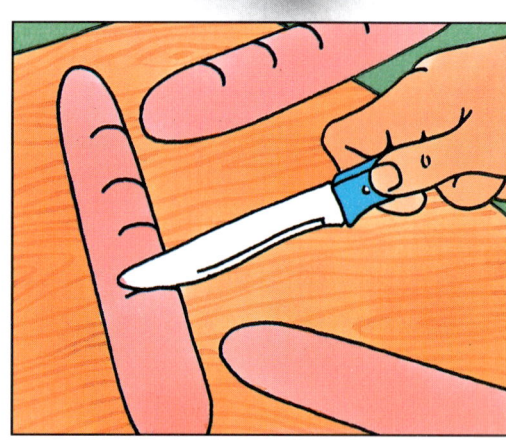

1 Würstchen mit einem Küchenmesser mehrmals quer einschneiden, damit sie sich beim Braten krümmen. Etwas Öl in einer Pfanne erhitzen und Würstchen von allen Seiten bräunen.

22

SICHER IST SICHER: *Für den Umgang mit dem Küchenmesser und beim Braten brauchst du die Hilfe eines Erwachsenen.*

2 Tomate waschen und zickzack-förmig einschneiden. In zwei Hälften teilen. So erhältst du die Augen.

3 Zwei Würstchen als Mund auf den Teller legen. Am oberen Tellerrand Haare aus krausem Blattsalat hinzufügen. Restliche Zutaten wie im Bild gezeigt anordnen.

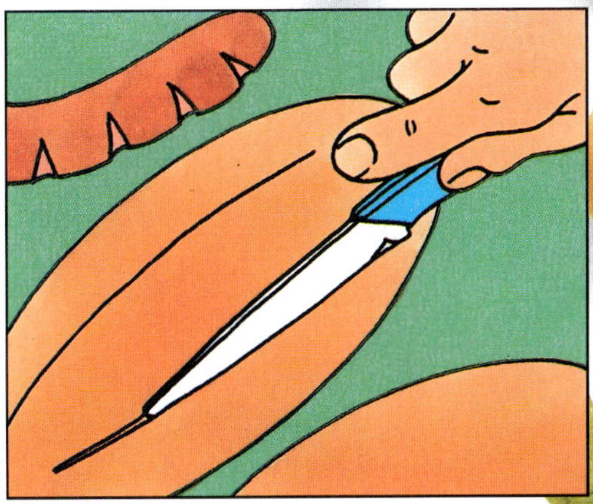

4 **Hot dog:** Brötchen zweimal längs einschneiden. In jeden Schlitz ein gebratenes Würstchen stecken. Mit Tomate und Salat garnieren.

Ofenkartoffeln

Ofenkartoffeln passen als Beilage gut zu Braten und gegrilltem Fleisch. Doch gefüllt schmecken sie auch ohne Beilagen. Du kannst sie heiß oder kalt servieren.

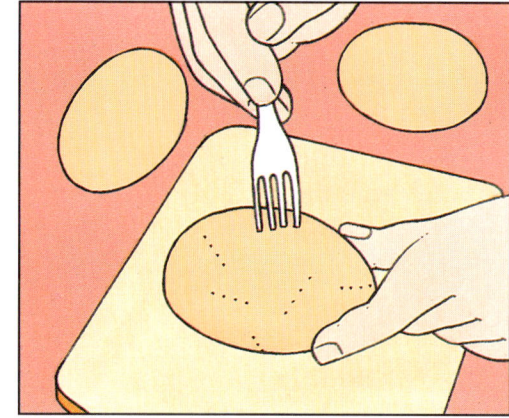

1 Kartoffeln waschen und abtrocknen. Ringsum mit einer Gabel einstechen. Backofen auf 220 Grad / Gas Stufe 7 vorheizen. Kartoffeln 1 Stunde lang auf einem Backblech backen.

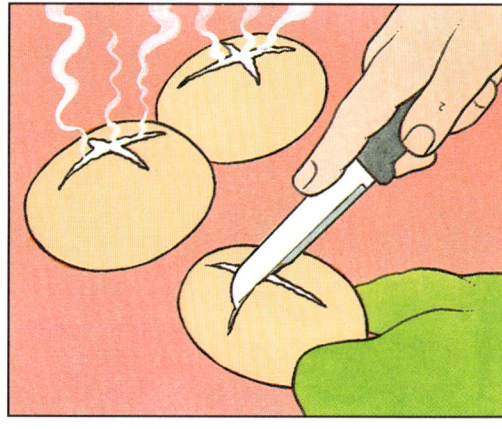

2 Hitzefeste Handschuhe anziehen. Kartoffeln leicht zusammendrücken. Sie sind fertig, sobald sie dem Druck etwas nachgeben. Aus dem Ofen nehmen und oben kreuzweise einschneiden. Seiten vorsichtig zusammendrücken, damit sich die Kartoffeln am Einschnitt öffnen.

Du brauchst

1 große Kartoffel pro Person
Butter

Füllungen:

gekochtes Hühnchen, Mais und
   Thunfisch aus der Dose
Mayonnaise und gehackte
   Frühlingszwiebeln
geriebenen Käse und weiße Bohnen
   aus der Dose, Salz und Pfeffer

24

3 Gare Kartoffeln vorsichtig aushöhlen und den Inhalt auf einen Teller geben. Schale möglichst nicht verletzen.

SICHER IST SICHER: *Für den Umgang mit scharfen Messern und die Arbeit am Backofen brauchst du die Hilfe eines Erwachsenen.*

4 Inneres der Kartoffeln mit einer Gabel zerdrücken. Nach Geschmack salzen und pfeffern. Geriebenen Käse und weiße Bohnen hinzufügen. In die ausgehöhlten Kartoffeln einfüllen. Mit etwas geriebenem Käse bestreuen und 10 Minuten überbacken.

5 Zum Füllen mit Hühnchen und Mais Kartoffel längs halbieren. Aushöhlen, Kartoffelstückchen mit gekochtem Hühnchen und Mais aus der Dose mischen. Füllung in die Kartoffelhälften geben und nochmals 10 Minuten überbacken.

6 Wenn du lieber eine kalte Füllung magst: Thunfisch, Mayonnaise und Frühlingszwiebelringe mischen. Gegarte Kartoffel oben kreuzweise einschneiden, etwas aushöhlen und Füllung in die Öffnung geben.

Fleischspieße

Spieße sind auf Gartenfesten sehr beliebt, doch auch aus dem Elektrogrill in der Küche schmecken sie vorzüglich. Das Vorbereiten der Zutaten macht zwar ein bißchen Arbeit, aber dafür kann sich jeder einen eigenen Spieß aus seinen Lieblingszutaten zusammenstellen.

1 Mit einem scharfen Messer das Fett vom Fleisch entfernen. Fleisch in kleine Würfel mit etwa 2 cm Seitenlänge schneiden. Verschiedene Fleischsorten jeweils auf getrennten Tellern anrichten. Cocktailwürstchen, Kirschtomaten und Champignons ganz lassen. Alle Zutaten zur Selbstbedienung auf den Tisch stellen.

Du brauchst

Rumpsteak
Hühnerbrust
Schweinefilet
Cocktailwürstchen
kleine Champignons
Kirschtomaten
je eine rote, gelbe,
   orange und grüne
   Paprikaschote
1 große Zwiebel
2 bis 3 kleine Zucchini
Olivenöl

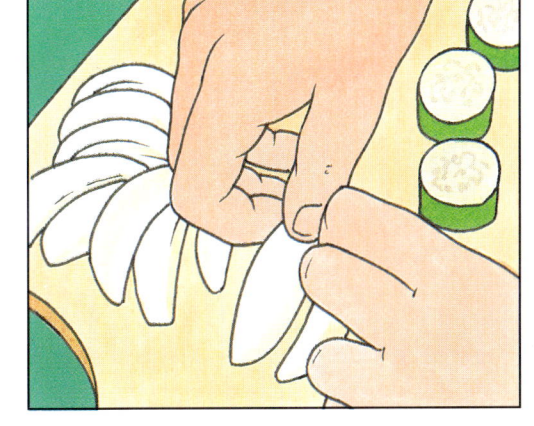

4 Jeder kann sich die Zutaten nach Belieben auf Holzspieße stecken. Mit etwas Olivenöl bepinseln und im vorgeheizten Grill 5-6 Minuten garen. Dabei mehrmals wenden.

3 Zwiebel schälen und vierteln. Einzelne Lagen auseinanderzupfen und größere Stücke halbieren. Zucchini in daumendicke Scheiben schneiden. Alles auf einer Servierplatte anrichten.

SICHER IST SICHER: *Für den Umgang mit dem scharfen Messer und beim Grillen brauchst du die Hilfe eines Erwachsenen.*

2 Paprika waschen, Stiel und Samengehäuse herausschneiden und in kleine Vierecke schneiden.

Hühnchen auf indische Art

Das Hühnchen aus unserem Rezept schmeckt mindestens genauso gut wie in einem indischen Restaurant. Wichtig dabei ist, die Joghurtmarinade am Vortag zuzubereiten. Die Hühnchen müssen über Nacht darin ziehen, um die Gewürze aufzunehmen. Am nächsten Tag brauchst du sie dann nur noch zu braten und mit Joghurtsauce zu servieren.

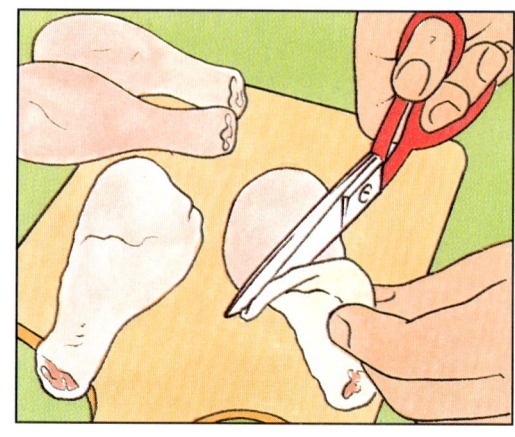

1 Hühnchen am Tag vorher marinieren: Joghurt, Gewürze, Öl, Zitronensaft, Salz und Pfeffer in einer Schüssel verrühren. Hühnchenschenkel enthäuten (das geht am besten mit Hilfe einer Küchenschere) und nebeneinander auf einen flachen Teller legen.

Für 4 Personen brauchst du

8 Hühnchenunterschenkel
3 Teelöffel Tandoori-Fertiggewürz
150 ml Naturjoghurt
2 Teelöffel Zitronensaft
1 Eßlöffel Öl, Salz und Pfeffer

Joghurtsauce
150 ml Naturjoghurt
2 Teelöffel gehackte frische Minze
1 Teelöffel Zitronensaft

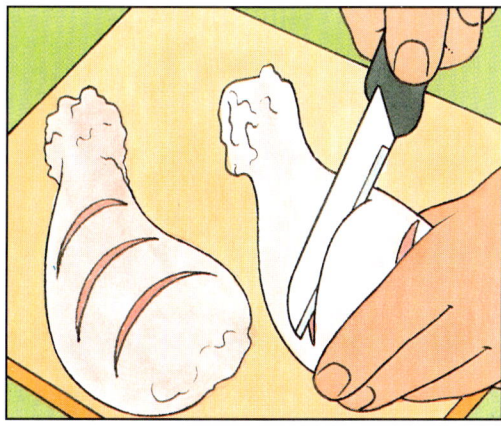

2 Hühnchenschenkel mit dem Küchenmesser mehrmals quer einschneiden, damit die Marinade gut einziehen kann.

4 Joghurtsauce zubereiten: Dazu Minze sehr fein hacken und unter den Joghurt mischen. Mit Zitronensaft, Salz und Pfeffer würzen und eine Stunde stehen lassen, damit sich der Geschmack entfalten kann.

5 Backofen auf 240 Grad / Gas Stufe 4 vorheizen. Hühnchenschenkel nebeneinander in eine Schmorpfanne legen und etwa 20 Minuten lang im Ofen garen.

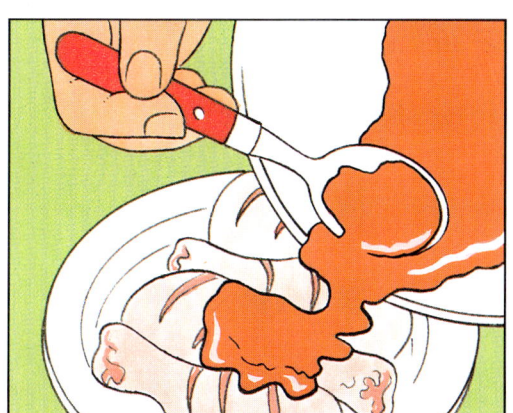

3 Marinade vorsichtig über die Hühnchenschenkel gießen. Abdecken und über Nacht in den Kühlschrank stellen.

SICHER IST SICHER: *Für den Umgang mit dem Küchenmesser und beim Backen brauchst du die Hilfe eines Erwachsenen.*

Würzige Crêpes

Wie man Crêpes macht, hast du bereits auf Seite 16 gelernt. Während du die Füllungen zubereitest, fertige Crêpes auf einen Teller stapeln, abdecken und bei niedriger Hitze im Backofen warmhalten.

1 Crêpes wie auf Seite 16 und 17 gezeigt zubereiten. Für die Fleischfüllung Frühlingszwiebeln in dünne Ringe schneiden und in Butter anbraten. Gekochtes Fleisch würfeln und dazugeben.

Für 4 Personen brauchst du

50 g Weizenmehl
50 g Vollkornmehl
2 Eier und 1 Prise Salz
200 ml Milch, 75 ml Wasser

Fleischfüllung
6 Frühlingszwiebeln
100 g gekochtes Fleisch
   (Hühnchen oder Rindfleisch)
1 Teelöffel getrocknetes Oregano
150 ml Würfelbrühe
1 gestrichenen Eßlöffel
   Tomatenmark
Butter, Salz und Pfeffer

Spinatfüllung
350 g gehackten Blattspinat
   (tiefgekühlt)
25 g Butter und 2 Eßlöffel Sahne
50 g geriebenen Gouda

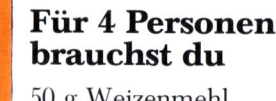

SICHER IST SICHER: *Für den Umgang mit dem Küchenmesser und beim Aufwärmen der Crêpes brauchst du die Hilfe eines Erwachsenen.*

2 Tomatenmark und Würfelbrühe hinzufügen, Oregano darüberstreuen. Umrühren und 5 Minuten köcheln lassen. Pfanne vom Herd nehmen und abkühlen lassen.

3 Anschließend etwas von der Füllung auf eine Seite der Crêpes häufen und einrollen. Pro Person mußt du etwa zwei bis drei Crêpes rechnen.

4 Für die Spinatfüllung den Spinat auftauen lassen und mit einer Prise Salz etwa 5 Minuten bei niedriger Hitze kochen. Kein Wasser hinzufügen. In einem Sieb gut abtropfen lassen.

5 Butter in einem Topf schmelzen. Sahne und Käse hinzufügen und anschließend Spinat unterrühren. Mit etwas Pfeffer aus der Mühle würzen. Crêpes wie oben beschrieben füllen.

Hamburger »Spezial«

Mit diesem Rezept kannst du ganz tolle Hamburger selbermachen – die viel besser schmecken als fertig gekaufte! Sie werden im Backofen gegrillt oder im Garten auf dem Holzkohlengrill gegart und mit Sesambrötchen und allerhand leckeren Beilagen garniert.

1 Zwiebel schälen und sehr fein schneiden. Fleisch und Semmelbrösel in einer Schüssel mischen. Zwiebeln hinzufügen. Gut verkneten.

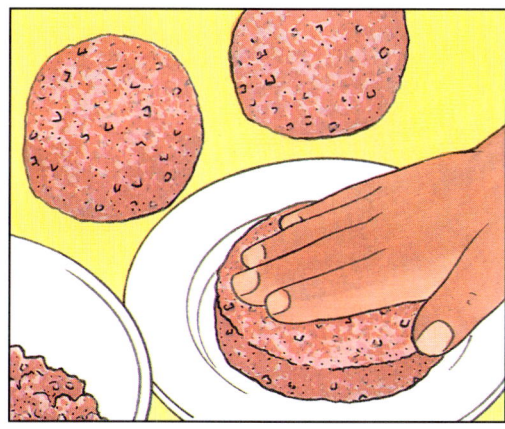

2 Ei verquirlen, Tomatensauce, Zucker, Senf und Pfeffer hinzufügen und umrühren. Zum Fleisch geben und mit einer Gabel sorgfältig untermischen.

3 Fleischteig zu acht gleichgroßen Kugeln formen. Auf einen Teller legen und flachdrücken. Die Hamburger sollten etwa zwei Zentimeter dick sein.

4 Hamburger beidseitig etwa 4-6 Minuten grillen. Mit Salatblättern, Gurken- und Tomatenscheiben in einem Sesambrötchen servieren.

SICHER IST SICHER: *Für den Umgang mit dem Küchenmesser und dem Grill brauchst du die Hilfe eines Erwachsenen.*

Für 8 Portionen brauchst du

8 Sesambrötchen
1 kg Hackfleisch
1 Ei und 1 Zwiebel
50 g Semmelbrösel
2 Eßlöffel Tomatensauce
2 Teelöffel braunen Zucker
1 Teelöffel scharfen Senf
1 Teelöffel Salz
Pfeffer

Fischauflauf

Dieses Fischgericht schmeckt nicht nur köstlich, sondern ist auch ganz leicht zuzubereiten. Es besteht aus einer Mischung von frischem und geräuchertem Fisch mit Petersiliensauce unter einer Haube aus knusprig gebräuntem Kartoffelpüree.

Für 4 Personen brauchst du

250 g Fischfilet (Kabeljau, Schellfisch oder Merlan)
250 g geräucherten Schellfisch
275 ml Milch
3 Teelöffel Speisestärke
2 Teelöffel gehackte, frische Petersilie
Schwarzen Pfeffer
1 kg Kartoffeln
1 Teelöffel Salz
etwas Milch
25 g Butter

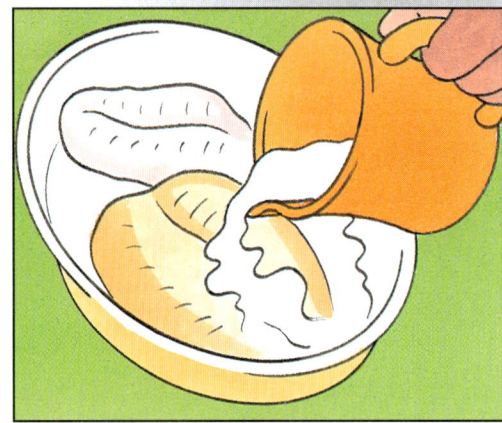

1 Backofen auf 180 Grad / Gas Stufe 4 vorheizen. Beide Fischsorten in eine feuerfeste Form legen. Mit der Milch übergießen und im Ofen etwa 20 Minuten garen.

2 In der Zwischenzeit Kartoffeln schälen, in Stücke schneiden und in Salzwasser 15-20 Minuten kochen. Wasser abgießen.

3 Gegarten Fisch durch ein Sieb abgießen, dabei die Milch für die Sauce aufbewahren. Fisch abkühlen lassen, enthäuten und mit einer Gabel in kleine Stücke zerteilen. Wieder in die feuerfeste Form füllen.

6 Kartoffeln mit einem Stampfer zerdrücken. Etwas Milch hinzufügen. Kartoffelpüree über den Fisch häufen und mit einer Gabel Muster eindrücken. Butterflöckchen aufsetzen. 10 Minuten im vorgeheizten Backofen bei 230 Grad / Gas Stufe 8 überbacken.

5 Die Sauce in einem Topf bei geringer Hitze unter Rühren erwärmen, bis sie dickflüssig wird. Dabei ständig umrühren. Sauce mit Petersilie bestreuen und vorsichtig über den Fisch gießen.

SICHER IST SICHER: *Für den Umgang mit dem Küchenmesser und die Arbeit an Herd und Backofen brauchst du die Hilfe eines Erwachsenen.*

4 Speisestärke mit etwas kalter Milch anrühren. Diese Mischung in die vom Fischkochen übriggebliebene Milch einrühren.

Bunte Reispfanne

Dieses Gericht ist genau das Richtige für Eilige:
Der gegarte Reis wird mit würfelig geschnittenem,
gekochten Fleisch und verschiedenen Gemüsesorten
angerichtet. Je nach Geschmack kannst du das
Ganze feurig pikant oder fein aromatisch würzen.

1 Reis in einem Sieb waschen und etwa 20 Minuten einweichen. Wasser in einem großen Topf zum Kochen bringen. Suppenwürfel hineinbröseln und einen Teelöffel Salz hinzufügen.

Für 4 Personen brauchst du

150 g Langkornreis
1 Suppenwürfel
50 g Butter
1 gestrichenen Teelöffel
   Currypulver
½ Teelöffel Paprikapulver
¼ Teelöffel Chilipulver
   (falls gewünscht)
gekochtes Fleisch oder
   Schinken (Hühnchen,
   Schweine- oder Rindfleisch)
1 kleine Dose gekochte
   Erbsen
1 kleine Dose Mais
1 kleine Zwiebel
1 kleine rote oder grüne
   Paprikaschote
gekochte Karotten (in Würfel
   geschnitten), oder grüne
   Bohnen
Salz

SICHER IST SICHER: *Für den
Umgang mit dem Küchenmesser und beim Dünsten
brauchst du die Hilfe eines Erwachsenen.*

2 Den eingeweichten Reis abgießen und ins kochende Wasser geben. 6-8 Minuten kochen, bis der Reis gar, aber nicht zu weich ist. Durch ein Sieb abgießen. Über einer Schüssel zum Ausdampfen stehenlassen.

3 Zwiebel und Paprikaschote fein hacken. Mit der Butter in eine Pfanne geben. Bei milder Hitze dünsten, bis die Zwiebel glasig ist.

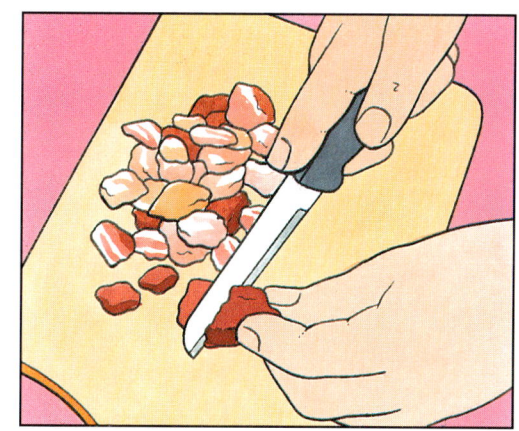

4 Gewürze hinzufügen und noch etwa 2 Minuten garen lassen. Dabei ständig umrühren. Fleisch in Würfel schneiden und zum Gemüse geben. So lange auf dem Feuer lassen, bis das Ganze gleichmäßig erhitzt ist.

5 Reis hinzufügen und gut mit den übrigen Zutaten mischen. Unter Rühren heiß werden lassen. Im Ring anrichten, mit grünem Salat, Gurke und Frühlingszwiebeln in der Mitte garnieren.

Ratatouille mit Knoblauchbrot

Ratatouille ist ein herzhafter, französischer Gemüseeintopf, der wahlweise als Hauptgericht oder als Beilage zu gekochtem Fleisch, Fisch oder heißem Knoblauchbrot serviert wird.

1 Aubergine und Zucchini waschen, trockentupfen und in Scheiben schneiden. In ein Sieb legen und salzen, um Bitterstoffe und überschüssige Flüssigkeit ausziehen zu lassen. Etwa 45 Minuten stehen lassen, dann unter klarem Wasser abwaschen und auf Küchenkrepp abtropfen lassen.

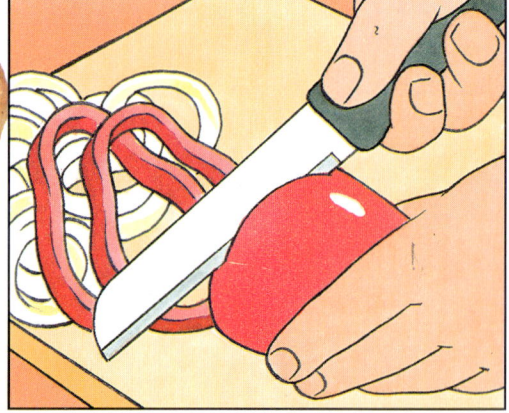

2 Zwiebel und Paprika in Scheiben schneiden. Olivenöl in einem Topf erhitzen und Zwiebeln, ausgedrückte Knoblauchzehe und Paprika etwa 10 Minuten dünsten. Gut umrühren.

Für 4 Personen brauchst du

½ rote Paprikaschote
1 Aubergine
3 bis 4 Zucchini
1 große Zwiebel
1 ausgedrückte Knoblauchzehe
1 kleine Dose Tomaten
Tomatenmark
2 Eßlöffel Olivenöl
½ Teelöffel getrocknetes
    oder frisches Basilikum
Salz und schwarzen Pfeffer

Knoblauchbrot
1 Stangenweißbrot
100 g Butter
2 ausgedrückte
    Knoblauchzehen

SICHER IST SICHER:
Für den Umgang mit dem Küchenmesser und die Arbeit am Herd brauchst du die Hilfe eines Erwachsenen.

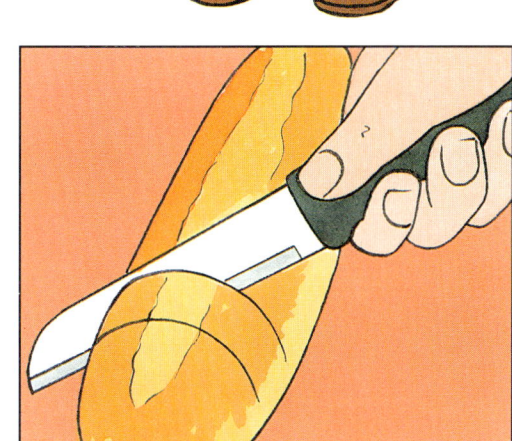

3 Zucchini- und Auberginenscheiben hinzufügen und wenden, bis das Gemüse gleichmäßig mit Öl überzogen ist. Basilikum, Tomaten, Tomatenmark, Salz und Pfeffer in den Topf geben. 30 Minuten bei geschlossenem Deckel leise köcheln lassen.

4 Backofen auf 200 Grad / Gas Stufe 6 vorheizen. Mit einem Brotmesser etwa alle zwei Zentimeter einen tiefen Einschnitt in das Stangenweißbrot machen, jedoch nicht durchschneiden!

5 Butter und ausgedrückte Knoblauchzehen zu einer Paste vermischen und in die Einschnitte streichen. Brot fest in Alufolie wickeln und etwa 20 Minuten auf einem Backblech backen. Dann die Folie entfernen und das Brot noch einmal 5-8 Minuten knusprig backen.

Nudeln mit Tomatensauce

Nudeln gelingen immer, wenn du bei der Zubereitung folgende Regeln beachtest: In viel Wasser und niemals zu weich kochen. Ein paar Tropfen Olivenöl ins Kochwasser geben und Nudeln nach dem Kochen kurz unter fließendem Wasser schwenken, damit sie nicht zusammenkleben. Nudeln schmecken am allerbesten mit Tomatensauce. Wir haben unsere Sauce mit Kräutern verfeinert.

SICHER IST SICHER: *Für den Umgang mit dem Küchenmesser und die Arbeit am Herd brauchst du die Hilfe eines Erwachsenen.*

1 Für die Sauce Zwiebel fein hacken. Mit dem Knoblauch und etwas Salz und Pfeffer in Olivenöl anbraten.

2 Tomaten hinzufügen und auf großer Flamme einige Minuten kochen lassen, damit die überschüssige Flüssigkeit verdampft. Gehackte Basilikumblätter hinzufügen. Herdplatte ausschalten.

3 In einem großen Topf Wasser mit Salz und etwas Öl zum Kochen bringen. Nudeln zufügen und umrühren, bis das Wasser wieder zu kochen anfängt. Dann die Hitze zurückschalten, damit das Nudelwasser nicht überläuft. Normalerweise stimmt die auf der Nudelpackung angegebene Kochzeit. Am besten solltest du jedoch kurz vor deren Ablauf eine Nudel herausholen und probieren, ob sie schon gar ist.

Für 4 Personen brauchst du

100 g Nudeln pro Person (Muscheln, Bandnudeln, Spaghetti)
1 Eßlöffel Olivenöl
1 Teelöffel Salz
geriebenen Parmesankäse

Tomatensauce mit Kräutern
2 Eßlöffel Olivenöl
1 Zwiebel
2 ausgedrückte Knoblauchzehen
1 kleine Dose geschälte Tomaten
1 Eßlöffel frisches, gehacktes Basilikum
1 Prise Zucker
Salz und Pfeffer

4 Die Nudeln sollten gerade eben weich sein, dann schmecken sie am besten. Nudeln durch ein Sieb abgießen und kurz unter fließendem, heißem Wasser schwenken. Mit heißer Tomatensauce und geriebenem Käse servieren.

Pizza

Du brauchst

1 Pizzaboden
  (selbstgemacht oder
  fertig gekauft)
Mozzarella-Käse
rote, grüne und gelbe
  Paprikaschoten
Frühlingszwiebeln
Tomatenmark
Champignons
Tomaten
gefüllte Oliven
etwas Öl

Hausgemachte Pizza schmeckt
mindestens so gut, wie die vom
Italiener. Wie du sie belegst, bleibt
deiner Phantasie überlassen. Hier
zeigen wir dir ein Beispiel.

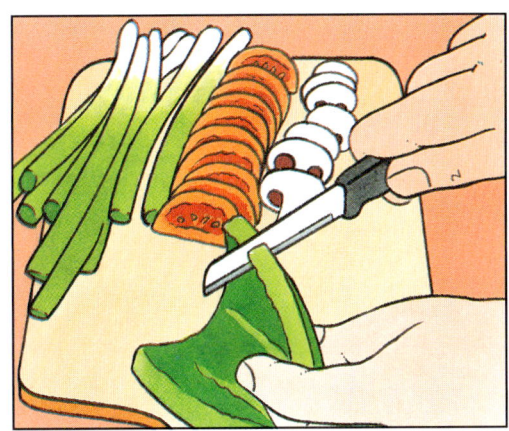

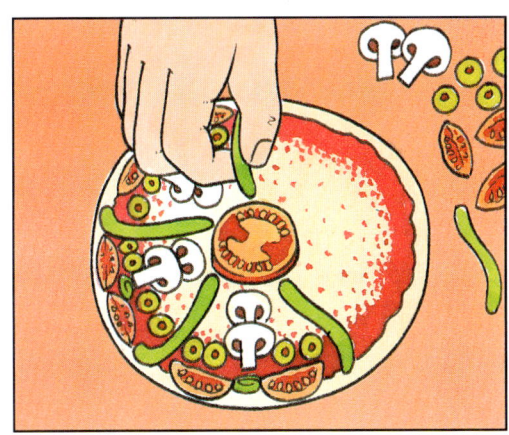

1 Backofen auf 200 Grad / Gas Stufe 6 vorheizen. Pizzaboden dick mit Tomatenmark bestreichen. Mozzarella in Scheiben schneiden und darauflegen.

2 Gemüse und Pilze waschen. Paprikaschoten vom Samengehäuse befreien und in Streifen schneiden. Oliven in Scheiben, Frühlingszwiebeln in Ringe schneiden. Tomatenscheiben halbieren. Champignons in dünne Scheiben schneiden.

3 Pizza mit dem vorbereiteten Gemüse belegen: Zuerst eine Tomatenscheibe in die Mitte legen, dann 5 oder 6 Streifen Paprika oder Frühlingszwiebeln wie Sonnenstrahlen anordnen. Nun den Rand und die Zwischenräume füllen, so daß sich ein hübsches buntes Muster ergibt.

4 Backblech mit etwas Öl einfetten, damit die Pizza nicht klebenbleibt. Pizza vorsichtig auf das Backblech heben und etwa 15 Minuten backen. Ganz oder in Viertel geschnitten servieren.

SICHER IST SICHER: *Für den Umgang mit dem Küchenmesser und die Arbeit am Backofen brauchst du die Hilfe eines Erwachsenen.*

Sommersalate

Wenn du glaubst, man könnte nur aus Kopfsalat, Gurken und Tomaten Salat machen, dann hast du dich geirrt. Wie wär's, wenn du deine Partygäste zur Abwechslung einmal mit einem der hier vorgeschlagenen Sommersalate überraschst? Mit einer Sauce aus Joghurt und frischer Minze schmecken sie besonders gut!

Für 4 Personen brauchst du

½ Salatgurke
100 g Erdbeeren
Schwarzen Pfeffer
Joghurt, frische Minze
2 bis 3 Karotten
25 g Sultaninen
25 g gehackte Walnüsse

44

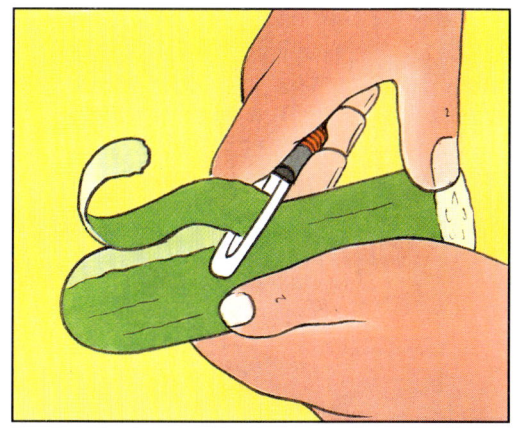

1 Gurke schälen und in Scheiben schneiden. Erdbeeren vom Stielansatz befreien und längs in Scheiben schneiden.

2 Gurken- und Erdbeerscheiben in abwechselnden Lagen in eine Schüssel schichten. Etwas Pfeffer aus der Mühle darübergeben und mit Minze garnieren.

3 Karotten schälen und raspeln. In eine Schüssel füllen. Sultaninen und gehackte Walnüsse darüberstreuen. Gut vermischen.

4 Salatsauce: Minze waschen, fein hacken und unter den Joghurt rühren.

SICHER IST SICHER: *Für den Umgang mit dem Küchenmesser brauchst du die Hilfe eines Erwachsenen.*

Tutti Frutti

Tutti Frutti aus Bisquitwürfeln, Obst, Götterspeise, Pudding und Sahne ist eine köstliche Nachspeise. Man kann es entweder in einer großen Schüssel für die ganze Familie oder aber portionsweise in Gläsern anrichten.

1 Götterspeise nach Anweisung zubereiten. Im Kühlsschrank so lange erkalten lassen, bis sie fest geworden ist.

2 Bisquitboden oder -gebäck in Würfel schneiden und zuunterst in die Gläser schichten. Mit Obst bedecken und mit Fruchtsaft beträufeln. Nun mit einem Löffel die Götterspeise obenauf häufen. Gläser in den Kühlschrank stellen.

SICHER IST SICHER: *Beim Puddingkochen brauchst du die Hilfe eines Erwachsenen.*

**Für 4 Personen
brauchst du**

Reste eines Bisquit-
bodens oder
Löffelbisquits
verschiedene Obstsorten –
frisch oder aus der
Dose
6 Eßlöffel Fruchtsaft
1 Päckchen Götterspeise
500 ml Milch
3 Eßlöffel Pudding-
pulver
2 Eßlöffel Zucker
250 ml Schlagsahne
Mandelblätter
Schokoladenstreusel

4 Übrige Milch in einem Topf
zum Kochen bringen und über
das angerührte Puddingpulver
gießen. Mischung in den Topf
zurückgießen und bei niedriger Hitze
kochen, bis der Pudding dicklich wird.
Dabei ständig mit einem Kochlöffel
umrühren. Sofort von der Herdplatte
nehmen.

5 Pudding in eine Schüssel füllen,
mit Klarsichtfolie abdecken und
abkühlen lassen. Dann in Gläser
füllen und wieder in den Kühlschrank
stellen.

3 In einer Schüssel
Puddingpulver und
Zucker mit etwas kalter
Milch anrühren. Aufpassen, daß
sich keine Klümpchen bilden!

6 Sahne mit dem Schneebesen
oder einem Handmixer
schlagen, bis sich weiche
Spitzen bilden. Auf jedes Glas ein
Sahnehäubchen setzen. Vor dem
Servieren mit Mandelblättern und
Schokoladestreusel garnieren.

Käsekuchen mit Zitrone

Dieser luftig-leichte Käsekuchen schmeckt herrlich nach Zitrone. Zerkrümelte Schokoladenkekse dienen als Boden. Wenn du lieber Käsekuchen mit Obst magst, solltest du einfache Butterkekse für den Boden verwenden und den Kuchen vor dem Backen mit frischem Obst belegen.

Du brauchst

200 g Schokoladenkekse
75 g weiche Butter

Käsemasse

75 g Zucker
200 g Hüttenkäse
150 g Frischkäse
250 g Schlagsahne
Saft und abgeriebene
   Schale einer Zitrone
   (ungespritzt)
2 Teelöffel Vanillezucker
3 Eigelb und 3 Eiweiß
3 Teelöffel gemahlene
   Gelatine

Zum Garnieren

Angelika (Engelwurz,
   falls vorhanden)
kandierte Orangen-
   und Zitronen-
   scheiben

SICHER IST SICHER: *Beim Backen brauchst du die Hilfe eines Erwachsenen.*

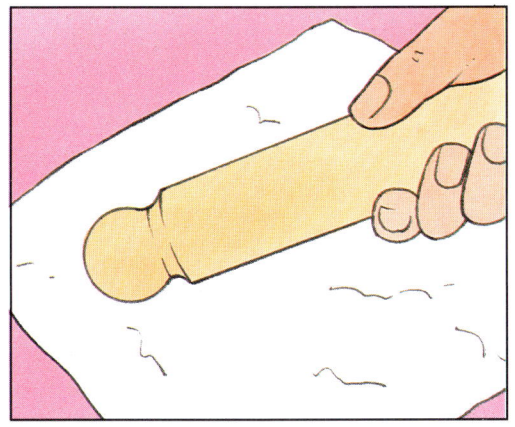

1 Kekse in einen Plastikbeutel füllen und zubinden, so daß nichts herausfallen kann. Mit einem Nudelholz mehrmals über den Beutel rollen, damit die Kekse zerkrümeln.

2 Kekskrümel in eine Schüssel geben, weiche Butter hinzufügen und verkneten. Mischung in eine gefettete Springform füllen. Auf dem Boden gut festdrücken. 15 Minuten im Backofen bei 150 Grad / Gas Stufe 2 backen. Aus dem Ofen nehmen und abkühlen lassen.

3 Hüttenkäse durch ein Sieb streichen. Frischkäse, Zucker und Vanillezucker hinzufügen und cremig rühren.

4 Zitronensaft, abgeriebene Zitronenschale und Eigelb hinzufügen. Mit dem Mixer gut verrühren. Wie es weitergeht, erfährst du auf der nächsten Seite.

7 Mit einem großen Löffel zuerst die aufgelöste Gelatine, dann die Sahne und zuletzt den Eischnee unter die Käsemischung heben und locker mischen.

6 3 Eiweiß in einer Rührschüssel steif schlagen. In einer anderen Schüssel Sahne schlagen.

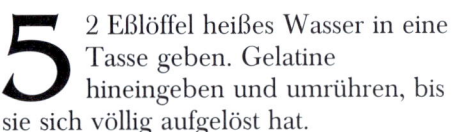

5 2 Eßlöffel heißes Wasser in eine Tasse geben. Gelatine hineingeben und umrühren, bis sie sich völlig aufgelöst hat.

8 Die Mischung auf den abgekühlten Boden häufen und mit einem Messer glattstreichen. Kuchen in den Kühlschrank stellen, damit er fest wird.

9 Kuchen mit einem Messer vorsichtig vom Rand lösen und auf eine Kuchenplatte legen. Mit Angelika (falls vorhanden) und kandierten Orangen- und Zitronenscheiben garnieren.

Exotischer Obstsalat

Für diesen Salat kannst du deine Lieblingsobstsorten verwenden und obendrein ein paar ausprobieren, die du noch nicht kennst. Aus der folgenden Auswahl solltest du dir etwa fünf aussuchen: Mango, Kiwi, Sternfrucht (Carambola), Orange, Melone, Pfirsich, Nektarine, Apfel, Kirschen, Erdbeeren, Lychees, Trauben und Ananas.

1 Zuerst den Sirup zubereiten. Dazu Zucker und Wasser in einen Topf geben und auf kleiner Stufe erhitzen, bis der Zucker gelöst ist. 2 Minuten kochen und anschließend abkühlen lassen.

Für 4 Personen brauchst du

etwa 5 verschiedene
   Obstsorten, darunter
   ½ Melone oder Ananas
100 g Zucker
250 ml Wasser
Saft einer Zitrone

2 Zitrone halbieren und auspressen. Kerne entfernen. Saft zum Sirup gießen.

4 Orangen schälen und in Spalten zerlegen. Kerne entfernen. Kiwis schälen und wie abgebildet in Scheiben schneiden.

3 Obst waschen, schälen und in kleine Stücke schneiden. Achte darauf, daß alle Kerne entfernt sind. Kirschen entsteinen; Trauben halbieren und entkernen.

5 Melone halbieren und mit dem Portionierlöffel Kugeln ausstechen. In eine Schüssel geben und mit Sirup übergießen.

6 Obstsaft der beim Schneiden herausläuft, auffangen und gemeinsam mit den Obststücken zum Sirup geben. Mit Sternfruchtscheiben und Erdbeerstücken garnieren. Mit Klarsichtfolie abdecken und etwa eine Stunde im Kühlschrank kalt stellen.

SICHER IST SICHER: *Für den Umgang mit dem Küchenmesser und beim Sirupkochen brauchst du die Hilfe eines Erwachsenen.*

Feines Teegebäck

Bei den Engländern hat der Fünf-Uhr-Tee Tradition. Lade doch einfach einmal deine Freunde zu einer richtigen englischen Teeparty ein und überrasche sie mit unserem Gebäck. Es ist ganz schnell gemacht und kann mal süß, mal herzhaft serviert werden. Für die zweite Variante anstelle des Zuckers 50 g fein geriebenen Parmesankäse in den Teig geben und mit Schnittkäse und Staudensellerie belegen.

Für 12 Stück brauchst du

200 g Mehl
1 gestrichenen
   Teelöffel
   Backpulver
40 g weiche Butter
150 ml Milch
1 Prise Salz
1 ½ Eßlöffel Zucker
Butter und
   Marmelade zum
   Bestreichen

1 Backofen auf 200 Grad / Gas Stufe 7 vorheizen. Mehl und Backpulver in eine Schüssel sieben, Butter einarbeiten, Zucker und Salz dazugeben.

2 Nach und nach Milch hinzufügen. Mit einem Kochlöffel einarbeiten. Hände mit Mehl bestäuben, Teig kneten und zu einer Kugel formen.

3 Arbeitsplatte mit Mehl bestäuben. Teig mit den Fingern flachdrücken; er sollte etwa 2 cm dick sein.

5 Gebäck auf ein gefettetes Backblech legen, mit etwas Milch bestreichen und etwa 12-15 Minuten backen. Noch warm aufschneiden und mit Butter und Marmelade servieren.

4 Mit einer runden Plätzchenform Törtchen ausstechen. Ausgestochenen Teig senkrecht anheben und nicht umdrehen. Teigreste erneut zu einer Kugel formen, flachdrücken und weitere Törtchen ausstechen, bis der ganze Teig verbraucht ist.

SICHER IST SICHER: *Beim Backen brauchst du die Hilfe eines Erwachsenen.*

Florentiner

Diese Plätzchen mit gehackten Nüssen und kandierten Früchten werden einseitig mit einem leckeren Schokoladenguß überzogen. Du kannst sie für den Nachmittagskaffee oder auch als Weihnachtsplätzchen backen. Achte jedoch stets auf das richtige Mischungsverhältnis von Nüssen und Früchten, wie es im Rezept für 12 Florentiner angegeben ist.

Du brauchst

3 oder 4 kandierte
 Kirschen
14 g Angelika
100 g gehackte Nüsse
 (Haselnüsse,
 Walnüsse, Mandeln)
2 Eßlöffel gehacktes
 Orangeat und
 Zitronat
2 Teelöffel Honig
50 g Zucker
50 g Butter
1 Eßlöffel Sahne
100 g dunkle
 Blockschokolade

1 Kandierte Kirschen und Angelika in kleine Stückchen schneiden und in einer Schüssel mit den gehackten Nüssen sowie dem Orangeat und dem Zitronat vermischen.

2 Butter, Zucker und Honig in einen Topf geben und auf niedriger Stufe erhitzen und aufkochen lassen. Dabei ständig mit einem Holzlöffel umrühren. Etwa eine Minute köcheln lassen.

3 Diese Mischung zusammen mit der Sahne über die Früchte und Nüsse gießen und gut vermischen. Backblech mit Backpapier auslegen. Mit dem Löffel kleine Häufchen von der Masse abstechen und auf das Bachblech setzen. Dabei große Zwischenräume lassen.

4 Backofen auf 180 Grad / Gas Stufe 4 vorheizen. Plätzchen 10 Minuten backen. Noch heiß mit einem Messer rund formen. Auf dem Blech abkühlen lassen und dann vorsichtig vom Papier abheben.

5 Schokolade in kleine Stücke brechen und im Wasserbad schmelzen lassen. Schokolade rühren, bis sie glänzt und Unterseite der Florentiner damit bestreichen. Mit einer Gabel Streifenmuster in die Schokolade ziehen und abkühlen lassen.

SICHER IST SICHER: *Beim Kochen und Backen brauchst du die Hilfe eines Erwachsenen.*

Mürbegebäck

Dieses Mürbegebäck ist ganz einfach und schnell herzustellen. Du kannst aus dem Teig Plätzchen in vielen lustigen Formen ausstechen oder auch einen Boden backen und diesen dann in Achtel teilen.

1 Ofen auf 170 Grad / Gas Stufe 3 vorheizen. Mehl in eine Schüssel sieben und mit dem Zucker vermischen. Butter mit den Händen einarbeiten. Teig gut durchkneten.

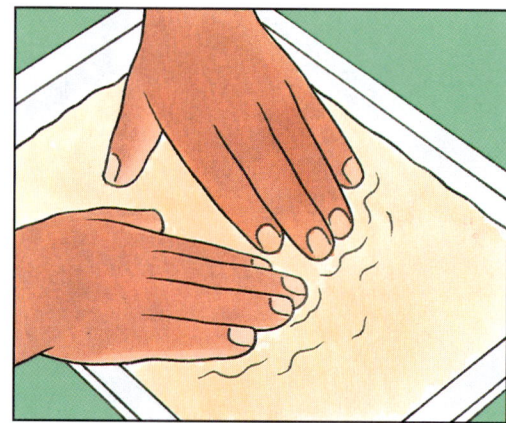

2 Teig mit den Händen flachdrücken, Plätzchen austechen und auf ein gefettetes Backblech legen. Oder: Teig in eine runde Backform drücken.

3 Oberfläche mehrmals mit der Gabel einstechen. Etwa 45 Minuten backen, bis der Teig fest ist. Zum Abkühlen auf ein Drahtgitter stürzen. Dünn mit Zucker bestreuen.

4 Solange der Boden noch warm ist, mit dem Messer in Achtel einteilen, aber nicht durchschneiden. In Achtel zerteilen, sobald das Gebäck abgekühlt ist.

Für 8 Plätzchen brauchst du

150 g Mehl
50 g Zucker
100 g weiche Butter

SICHER IST SICHER: *Beim Backen brauchst du die Hilfe eines Erwachsenen.*

Bisquittörtchen

Mit diesem Rezept kannst du entweder einen normalgroßen Kuchen oder viele kleine Törtchen backen. Diese kannst du auch für die Marzipan-Tiere auf Seite 62 verwenden.

2 Eier in einer kleinen Schüssel verquirlen und nach und nach unter die geschlagene Butter rühren. Sorgfältig zu einer gleichmäßigen Masse verschlagen.

1 Backofen auf 190 Grad / Gas Stufe 5 vorheizen. In einer Rührschüssel Butter und Zucker mit einem Holzlöffel oder einem Mixer schlagen, bis die Masse schaumig ist.

Für 12 Törtchen brauchst du

2 kleine Eier
100 g weiche Butter
100 g Zucker
100 g Mehl
½ Teelöffel
   Backpulver

Zuckerguß

100 g Puderzucker
kaltes Wasser
2 Eßlöffel Zitronensaft
Zuckerperlen

3 Mehl und Backpulver über die Masse sieben und mit einem Löffel vorsichtig unterheben.

5 Für den Zuckerguß in einer Schüssel Puderzucker mit dem Zitronensaft und etwas kaltem Wasser anrühren. Nicht zuviel Flüssigkeit auf einmal nehmen. Die Glasur muß so dickflüssig sein, daß sie am Löffel haftet. Törtchen mit Zuckerguß überziehen, mit einem Messer glattstreichen und mit Zuckerperlen verzieren.

4 Backförmchen aus Papier auf ein Backblech setzen und in jedes mit dem Löffel ein Häufchen Teig setzen. Backblech in die obere Schiene des Backofens einschieben und etwa 10-12 Minuten backen. Backofentüre nicht vorzeitig öffnen, da die Törtchen sonst zusammenfallen.

SICHER IST SICHER: *Beim Backen brauchst du die Hilfe eines Erwachsenen.*

Zaubereien aus Marzipan

Unsere Marzipan-Tiere sind ein absoluter Renner! Sie sind aus kleinen Bisquittörtchen und einem Überzug aus grünem oder rosa Marzipan ganz einfach zu machen. Die Törtchen kannst du entweder selbst backen (Rezept auf Seite 60) oder fertig kaufen.

1 **Schweinchen und Drache:** Zwei Törtchen mit einer Zwischenschicht aus Marmelade aufeinandersetzen. Törtchen auch außen mit Marmelade bestreichen, damit das Marzipan haften bleibt. Marzipanmassse rosa oder grün einfärben.

2 Arbeitsfläche mit Puderzucker bestreuen. Marzipan dünn ausrollen. Ein Viereck ausschneiden, das groß genug ist, um die beiden Törtchen darin einzuwickeln. Am oberen Rand 3 cm überstehen lassen. Die Törtchen einrollen und Ränder festdrücken.

Du brauchst

5 kleine Bisquittörtchen
Marzipan-Rohmasse
Speisefarbe, rosa und grün
Schokoladetropfen
Speisefarbenstift
Puderzucker, Marmelade

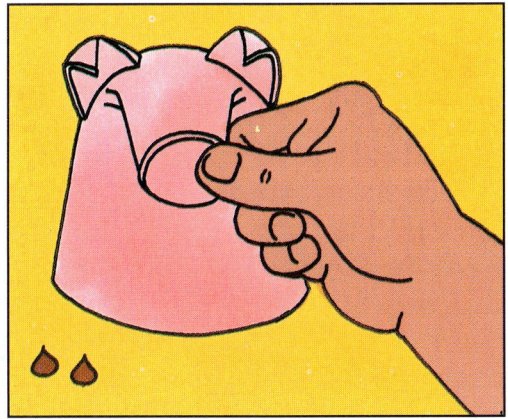

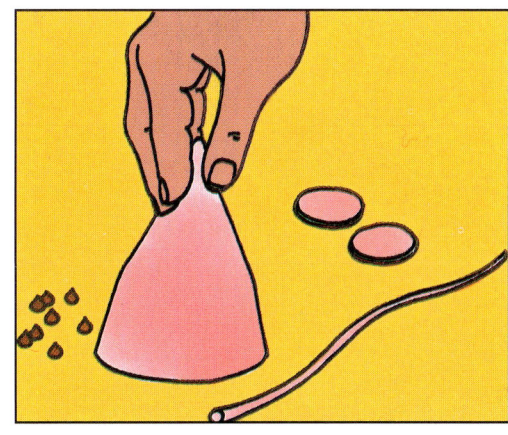

4 Beim Drachen oberes Ende des grünen Marzipanmantels nach vorne falten und in der Mitte zusammendrücken. So entsteht das Maul. Kleine Arme aus Marzipan rollen.

3 Für das Schweinchen oberes Ende des rosa Marzipanmantels nach vorne falten. Für die Schnauze eine kleine Kugel Marzipan in die Öffnung schieben. Ohren aus Marzipan formen und ansetzen. Schokoladetropfen als Augen eindrücken. Zuletzt zwei Nasenlöcher in die Schnauze bohren.

SICHER IST SICHER: *Für die Arbeit am Backofen brauchst du die Hilfe eines Erwachsenen.*

Eine Seite flach drücken und mit einem Löffel »Finger« einritzen. Augen aus kleinen Marzipankügelchen formen und je einen Schokoladentropfen in die Mitte setzen. Einen Marzipanstreifen auf einer Seite zackenförmig ausschneiden und auf den Rücken setzen. Mit Speisefarbenstift Punkte aufmalen.

5 **Maus:** Ein Bisquittörtchen wie oben beschrieben mit rosa Marzipan ummanteln und den oberen Teil spitz formen. Für die Ohren Kreise ausschneiden. Schokoladentropfen als Augen eindrücken und einen langen Schwanz ansetzen.

Schokoladen kuchen

Unser Schokoladenkuchen ist nicht nur hübsch anzusehen, sondern auch ausgesprochen lecker. Das besondere daran ist die Mokkafüllung (also eine Füllung aus Schokolade und Kaffee). Das Muster erhältst du, indem du eine Tortenspitze auf den Kuchen legst und dann Puderzucker darüberstäubst. Wenn dir dieses Muster nicht gefällt, probier es doch einfach mal mit Papierstreifen, die du über Kreuz auf den Kuchen legst. So erhältst du ein Streifen- oder Schachbrettmuster.

SICHER IST SICHER: *Beim Backen brauchst Du die Hilfe eines Erwachsenen*

1 Bisquitmasse zubereiten. Kakaopulver ins Mehl sieben und gut untermischen.

2 Zwei kleine Springformen auf einen Bogen Backpapier legen, den Umriß nachzeichnen und zuschneiden. Formen einfetten und mit dem Backpapier auslegen.

3 Jeweils die Hälfte des Teiges in die Formen füllen und mit einem Tortenmesser glattstreichen. Auf der oberen Schiene des Backofens 20 Minuten bei 190 Grad / Gas Stufe 5 backen. Zum Auskühlen auf ein Tortengitter stürzen.

Bisquitteig zubereiten

Backofen auf 190 Grad/Gas Stufe 5 vorheizen. In einer Rührschüssel Butter und Zucker mit einem Holzlöffel oder einem Mixer schlagen, bis die Masse schaumig ist.

Eier in einer kleinen Schüssel verquirlen und nach und nach unter die geschlagene Butter rühren. Sorgfältig zu einer gleichmäßigen Masse verschlagen.

Mehl und Backpulver über die Masse sieben und mit einem Löffel vorsichtig unterheben.

4 Während des Backens die Mokkafüllung zubereiten: weiche Butter in eine Schüssel geben, Puderzucker und Kakaopulver darübersieben. Pulverkaffee hinzufügen und alles gut verrühren. Sollte die Masse zu fest sein, etwas Milch hinzufügen. Die Füllung muß glatt und locker sein. Eine der beiden Bisquitplatten mit der Füllung bestreichen, die zweite oben aufsetzen.

5 Tortenspitze auf den Kuchen legen und Puderzucker darübersieben. Anschließend die Tortenspitze vorsichtig entfernen.

Du brauchst

2 kleine Eier
100 g Zucker
100 g Butter
100 g Mehl
½ Teelöffel Backpulver
1 Eßlöffel Kakaopulver
Puderzucker zum Bestäuben

Mokkafüllung

100 g Puderzucker
50 g Butter
1 Eßlöffel Kakaopulver
1 Teelöffel Pulverkaffee
1 Eßlöffel Milch

Sandwichecken

Sandwichecken sind genau das richtige für die nächste Party. Egal, ob dreieckig oder in Streifen geschnitten – sie sehen immer appetitlich aus. Die Rinde kannst du abschneiden, damit man die verschiedenen Füllungen und unterschiedlichen Brotsorten erkennen kann.

1 Butter rechtzeitig aus dem Kühlschrank nehmen, damit sie sich besser verstreichen läßt. Vier Scheiben Vollkorntoast einseitig und 2 Scheiben weißes Toastbrot beidseitig mit Butter bestreichen. Du brauchst je 2 Scheiben Vollkorntoast und 1 Scheibe weißes Toastbrot pro Sandwich.

2 Edamer und Apfelscheiben auf eine Scheibe Vollkorntoast legen. Mit weißem Toastbrot abdecken und Kopfsalat darauflegen. Obenauf eine Scheibe Vollkorntoast mit der gebutterten Seite nach unten legen.

3 Thunfisch und Mayonnaise in einer Schüssel mischen. Zwei bis drei Löffel davon auf eine Scheibe Vollkorntoast häufen. Mit weißem Toastbrot abdecken und Gurkenscheiben darauflegen. Obenauf wieder eine Scheibe Vollkorntoast mit der gebutterten Seite nach unten legen.

Für 20 Sandwichecken brauchst du

1 halbes weißes Toastbrot
   und 1 ganzes
   Vollkorntoastbrot
Butter

Füllungen
200 g Edamer
   in Scheiben
Apfelscheiben
Kopfsalat
1 Dose Thunfisch
Mayonnaise
Gurkenscheiben

4 Fertige Sandwiches vorsichtig flachdrücken. Eventuell Rinde abschneiden und die Sandwiches in Dreiecke oder Streifen schneiden.

SICHER IST SICHER: *Für den Umgang mit dem Küchenmesser brauchst du die Hilfe eines Erwachsenen.*

Belegte Brote mit Pfiff

Belegte Brote dürfen auf keinem Party-Büffet fehlen. Hier zeigen wir zwei leckere, appetitliche Beispiele, doch noch viele andere Varianten sind möglich. Am besten läßt du deiner Phantasie beim Belegen freien Lauf!

2 **1. Vorschlag:** Brot mit Salatblättern belegen. Frischkäse auf eine Scheibe Salami häufen und einrollen. Je zwei Salamiröllchen auf dem Salat anrichten und mit Gurkenscheiben garnieren.

1 Brot in dünne Scheiben schneiden und dünn mit Butter bestreichen. Salatblätter waschen und mit Küchenkrepp trockentupfen.

3 **2. Vorschlag:** In einer Schüssel Krabben mit Mayonnaise-dressing mischen. Brot mit Salat belegen und Krabben daraufhäufen. Radieschen in Scheiben schneiden und das Brot damit garnieren.

SICHER IST SICHER: *Das Küchenmesser solltest du nur im Beisein eines Erwachsenen benutzen.*

4 Zur Dekoration Käse in Dreiecke schneiden und einzeln auf Cocktailspieße stecken. Wie ein Bootssegel auf das belegte Brot stecken.

5 Radieschen oder Gurken in längliche Stückchen schneiden und als Flagge oben auf den »Mast« des Käsesegels stecken.

Du brauchst

Misch- oder Vollkornbrot
   in Scheiben
Butter
Kopfsalat
Salami und Frischkäse
Krabben
Mayonnaisedressing
Salz und Pfeffer

Zum Garnieren
Zitronenscheiben
Käseecken
Essiggurken
Radieschen

69

Doppeldecker

Toasts sind ein Knusperspaß für jeden Langschläfer. Für Abwechslung sorgen verschiedene Füllungen: Käse, Schinken, Tomate oder Speck und Champignons. Mit Salat gereicht sind unsere Doppeldecker auch als Hauptgericht ein Volltreffer!

Du brauchst

50 g Gouda, gerieben oder in Scheiben

2 Scheiben mageren Frühstücksspeck

50 g geschnittene Champignons

1 Scheibe gekochten Schinken

1 Tomate, in Scheiben geschnitten

2 Scheiben Toastbrot Butter zum Braten

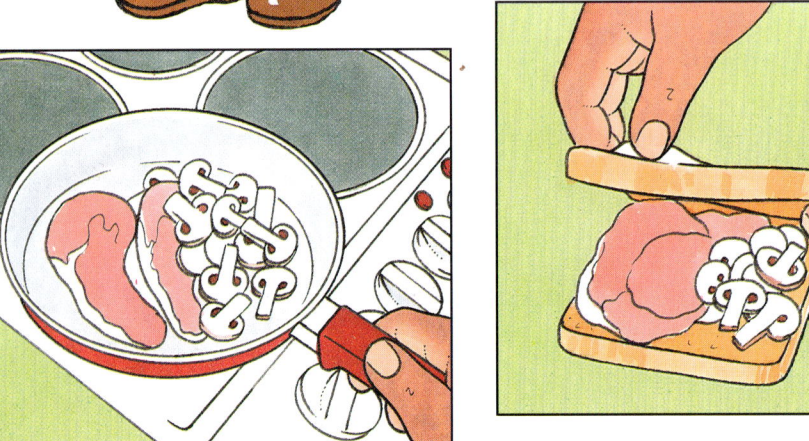

1 Toast mit Speck und Champignons: Speck bei geringer Hitze in der Pfanne anbraten. Sobald das Fett glasig geworden ist, Pilze hinzufügen und etwa 4 Minuten braten. Mit einem Pfannenwender herausheben und abtropfen lassen.

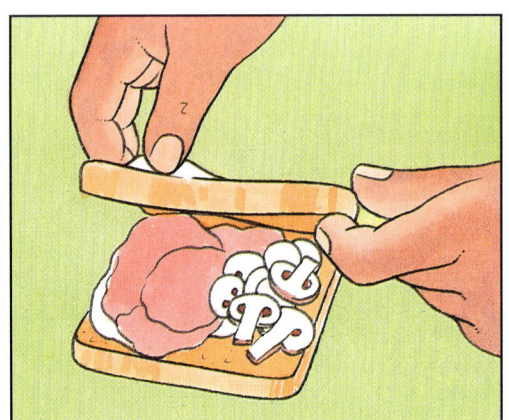

2 Grill vorheizen und 2 Scheiben Toastbrot einseitig leicht vorbräunen. Aus dem Grill nehmen. Die gebräunte Seite mit Speck und Champignons belegen. Zweite Scheibe mit der gebräunten Seite nach unten als Deckel darauflegen. Nochmals in den Grill schieben und kurz bräunen.

3 Toast mit Käse, Schinken und Tomate: 2 Scheiben Toastbrot einseitig leicht vorbräunen. Die gebräunte Seite mit Käse bestreuen oder belegen. Für etwa 1 Minute in den Grill schieben, bis der Käse geschmolzen ist.

5 Doppeldecker in Dreiecke schneiden. Dazu kannst du verschiedene Salate reichen, zum Beispiel: Tomaten mit Olivenöl und etwas Salz und schwarzem Pfeffer oder in Streifen geschnittenen Kopfsalat mit etwas Essig und Öl.

4 Mit Schinken und Tomatenscheiben belegen. Zweite Scheibe mit der gebräunten Seite nach unten als Deckel darauflegen. Nochmals in den Grill schieben und kurz bräunen.

SICHER IST SICHER: *Beim Braten und Überbacken brauchst du die Hilfe eines Erwachsenen.*

Marmeladentörtchen

Aus dem hier beschriebenen Mürbeteig kannst
du nicht nur Marmeladentörtchen backen,
sondern auch viele andere Plätzchen.
Folgende Tips solltest du unbedingt beachten:
Teig so kurz wie möglich mit den Händen bear-
beiten. Butter und Butterschmalz bei
Raumtemperatur verarbeiten. Teig mit
eiskaltem Wasser bereiten und vor dem
Ausrollen eine halbe Stunde kühlstellen.

**Für 12 Törtchen
brauchst du**

100 g Mehl
25 g Butter
25 g Butterschmalz
1 Prise Salz
2 Eßlöffel eiskaltes
  Wasser
Erdbeer- oder
  Aprikosen-
  marmelade

1 Mehl und Salz in eine Rührschüssel
sieben. Butter und Butterschmalz in
kleine Würfel schneiden und zum
Mehl geben. Mit einem Messer untermischen.

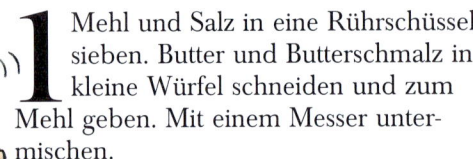

2 Mit den Händen Mehl und Fett
verkneten, bis die Mischung
krümelig ist.

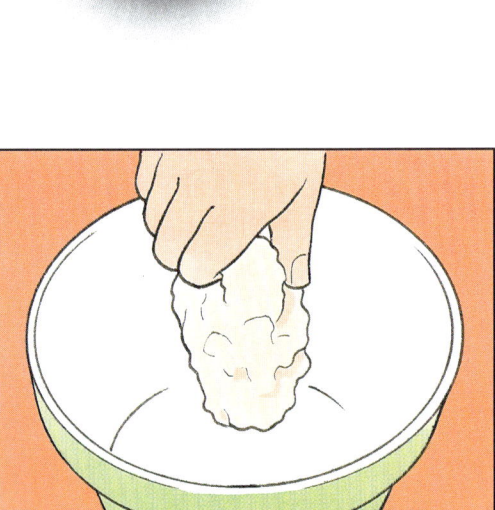

3 2 Eßlöffel Wasser hinzufügen
und schnell einarbeiten. Falls
notwendig, weiteres Wasser
hinzufügen. Den Teig mit den Händen
kneten, bis er sich von der Schüssel löst.
Zu einer Kugel formen. In Klarsichtfolie
wickeln und 30 Minuten im Kühlschrank
ruhen lassen. Das erleichtert das Ausrollen. Backofen auf 190 Grad / Gas
Stufe 5 vorheizen.

4 Arbeitsplatte und Teigroller mit Mehl bestäuben. Teig etwa 5 mm dick ausrollen. Mit einem Förmchen Kreise ausstechen und in die Vertiefungen einer Ochsenaugen-Backform drücken.

5 Je 1 Teelöffel Marmelade in jedes Törtchen füllen und im Backofen etwa 15 Minuten lang goldbraun backen.

SICHER IST SICHER: *Beim Backen brauchst du die Hilfe eines Erwachsenen.*

Würstchen im Schlafrock

Diese leckeren »Schlafröcke« werden mit Teigblättern verziert – so schmecken sie nicht nur gut, sondern sehen auch besonders appetitlich aus. Partygästen servierst du sie am besten kalt. Der Mürbeteig wird, wie auf Seite 72 beschrieben, zubereitet und muß vor dem Ausrollen 15 Minuten im Kühlschrank ruhen.

Für 12 Portionen brauchst du

200 g Mehl
50 g Butter
50 g Butterschmalz
200 g Wurstbrät
1 großen Kochapfel
100 g Semmelbrösel
1 kleine Zwiebel und 1 Ei
Salz und Pfeffer
1 Teelöffel gehackte Petersilie
Milch zum Bestreichen

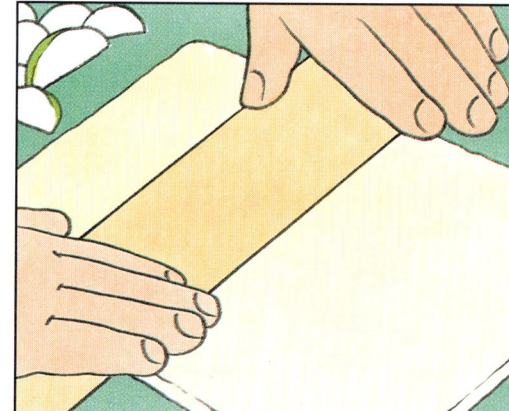

1 Teig wie auf Seite 72 gezeigt zubereiten. Wurstbrät mit Semmelbröseln vermischen. Zwiebel schälen und fein hacken. Mit dem verquirlten Ei und der Petersilie unter das Wurstbrät geben.

2 Apfel schälen, entkernen und in dicke Scheiben schneiden. Teig auf einer mit Mehl bestäubten Arbeitsfläche ausrollen und in zwölf Quadrate schneiden. Wurstbrät in zwölf Teile teilen.

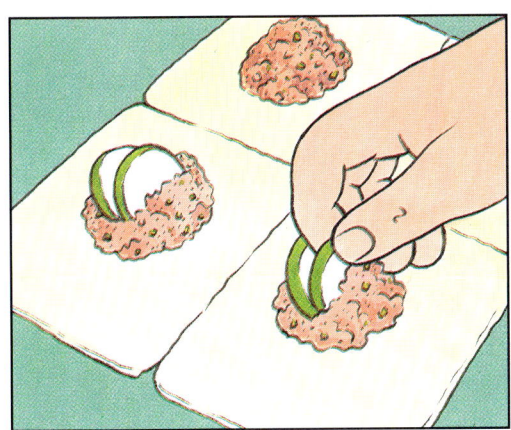

5 Aus Teigresten Blätter ausschneiden und die Taschen
damit verzieren. Mit Milch bepinseln. Auf ein Backblech legen und im
Backofen goldbraun backen. Backzeit
etwa 15 Minuten.

4 Teigränder mit Milch bepinseln,
Ecken hochziehen und wie im
Bild gezeigt übereinander-
schlagen. Ränder fest aufeinander-
drücken.

3 Backofen auf 220 Grad / Gas
Stufe 7 vorheizen. In die Mitte
eines jedenTeigstücks je eine
Portion Wurstbrät und einige Apfelscheiben legen.

SICHER IST SICHER: *Für
den Umgang mit dem Küchenmesser
und beim Backen brauchst du die Hilfe
eines Erwachsenen.*

Knusper-Crossies

Knusper-Crossies werden aus Getreideflocken mit geschmolzener Schokolade oder mit Karamel aus Honig und Butter zubereitet. Am besten schmecken sie, wenn du noch gehackte Nüsse oder kandierte Früchte daruntermischst.

3 Knusperflocken: Butter und Honig in einem Topf schmelzen und etwa 5 Minuten kochen lassen. Dabei gelegentlich umrühren.

1 Crossies: Weiße bzw. dunkle Schokolade in Stücke brechen und in eine Schüssel geben. Schüssel auf einen Topf mit kochendem Wasser setzen und Schokolade im Wasserbad schmelzen.

2 Schüssel aus dem Wasserbad nehmen. Coco-Pops bzw. Rice-Crispies gut unter die geschmolzene Schokolade mischen, bis alle Flocken gleichmäßig überzogen sind. Mit zwei Teelöffeln kleine Häufchen in Pralinenhütchen setzen und 1 Stunde abkühlen lassen.

Für 12 Stück brauchst du

Schokoladen-Crossies
75 g Coco Pops
100 g dunkle
   Blockschokolade
Weiße Crossies
75 g Rice Crispies
100 g weiße Schokolade

Nuß-Knusperflocken
75 g Butter
3 Eßlöffel Honig
50 g gehackte Nüsse
75 g Bran Flakes
Frucht-Knusperflocken
75 g Cornflakes
50 g kandierte Früchte, gehackt
75 g Butter
3 Eßlöffel Honig

SICHER IST SICHER:
*Beim Schmelzen und Kochen brauchst
du die Hilfe eines Erwachsenen.*

4 Topf vom Herd nehmen.
Cornflakes, gehackte Nüsse
und/oder Früchte unterrühren.
Backblech mit Backpapier belegen und
Mischung daraufgießen. Mit einem
Löffel glattstreichen.

5 Etwa eine halbe Stunde abkühlen
lassen und mit einem Messer
Portionen einteilen, aber nicht
ganz durchschneiden. Nach dem Erkalten in Stücke brechen und servieren.

Popcorn - süß und salzig

Wenn du zu Hause vor dem Fernsehgerät sitzt und dabei genüßlich Popcorn aus der Tüte knabberst, fühlst du dich fast wie im Kino. Hier zeigen wir dir, wie du ganz fix Popcorn zubereiten kannst und wie man es süß oder salzig würzt.

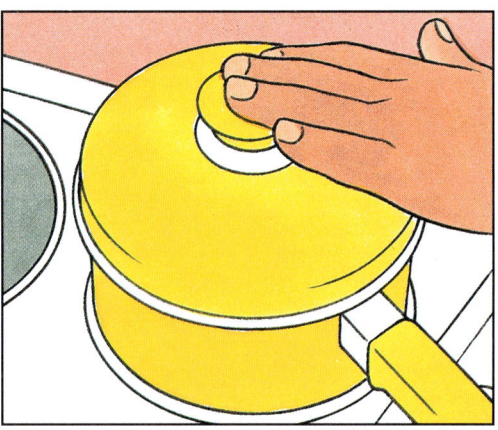

3 Wenn etwa eine Minute lang aus dem Topf kein Knall mehr zu hören ist, Herd abschalten und Deckel abnehmen. Popkorn in eine Schüssel geben und alle Maiskörner entfernen, die sich nicht geöffnet haben.

2 Nach ein paar Minuten hörst du, wie die Körner gegen den Deckel zu knallen beginnen. Auf keinen Fall den Deckel öffnen! Topf gelegentlich von der Herdplatte nehmen und schütteln, dann geht es schneller.

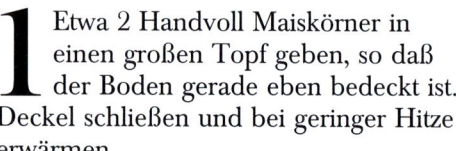

1 Etwa 2 Handvoll Maiskörner in einen großen Topf geben, so daß der Boden gerade eben bedeckt ist. Deckel schließen und bei geringer Hitze erwärmen

SICHER IST SICHER: *Beim Popcornmachen brauchst du die Hilfe eines Erwachsenen.*

4 Für das salzige Popcorn etwa 25 g Butter in einem kleinen Topf schmelzen und über das Popcorn träufeln. Nach Geschmack salzen.

Du brauchst

Popcorn-Maiskörner

Für das salzige Popcorn
25 g Butter
Salz

Für das süße Popcorn
75 g Butter
3 Eßlöffel Zucker

5 Für das süße Popcorn Butter und Zucker in einem kleinen Topf bei geringer Hitze karamelisieren, bis die Mischung Blasen bildet. Etwa 5 Minuten köcheln lassen.

6 Popcorn auf einem Blech ausbreiten und mit dieser Karamelmischung überziehen. Trocknen lassen.

Pfefferminz-plätzchen

Pfefferminzplätzchen in hübscher Verpackung sind ein tolles Geburtstagsgeschenk. Zur Abwechslung kannst du einige der Plätzchen in Schokolade tauchen.

1 Eiweiß schaumig schlagen. Mit einigen Tropfen Pfefferminz-Essenz oder -Öl und ein paar Tropfen grüner Speisefarbe einfärben.

Du brauchst

1 Eiweiß
250 g Puderzucker
Pfefferminz-Essenz oder -Öl
   (Reformhaus)
grüne Speisefarbe
100 g Blockschokolade

SICHER IST SICHER: *Beim Schmelzen im Wasserbad brauchst du die Hilfe eines Erwachsenen.*

4 Schokolade in Stückchen brechen und in eine kleine Schüssel geben. Wasser kochen und Schokolade im Wasserbad schmelzen.

3 Arbeitsplatte und Teigrolle mit Puderzucker bestäuben. Pfefferminzteig etwa 1 cm dick ausrollen und mit einer Plätzchenform kleine Kreise ausstechen. Einen Gitterrost mit Backpapier belegen und die Plätzchen darauflegen. Eine Stunde trocknen lassen.

2 Puderzucker in eine große Schüssel sieben und den Eischnee mit einer Gabel untermischen. Falls nötig, soviel Puderzucker hinzufügen, bis eine feste Masse entsteht. Mit den Händen zu einem glatten Teig verkneten.

5 Geschmolzene Schokolade umrühren, bis sie glatt ist und einige der Pfefferminzplätzchen zur Hälfte eintauchen. Bei Zimmertemperatur auf dem Gitter abkühlen lassen.

Fruchtcocktails

An einem heißen Sommertag
sind eisgekühlte Fruchtcock-
tails die ideale Erfrischung. Sie
werden mit viel Eis serviert
und mit Früchten, Cocktail-
schirmchen und einem
Strohhalm garniert - einfach
unwiderstehlich!

1 **Sonnenaufgang:** Eiskalten
Orangensaft in ein hohes Glas
füllen. Langsam und vorsichtig
etwas Himbeersirup hineingießen. Der
Sirup sinkt zum Boden ab, und so
entstehen die Farbschattierungen des
Sonnenaufgangs. Mit Orangen- und
Zitronenscheiben garnieren.

2 **Honiglimonade:** Zitronenschale
in feine Streifen schneiden und
mit Zucker und Honig in einer
Schüssel vermischen. Kochendes
Wasser darübergießen.
Abkühlen lassen. Zitrone
auspressen und zur Flüssigkeit
dazugeben. Alles durchsieben
und in ein Glas füllen.

Für ein Glas brauchst du

Sonnenaufgang
Orangensaft
Orangen- und Zitronenscheiben
Himbeersirup

Honiglimonade
1 Zitrone (ungespritzt)
1 Eßlöffel klaren Honig
1 Eßlöffel Zucker
250 ml kochendes Wasser

Zauber der Nacht
Schwarzen
   Johannisbeersaft
Cola, Kirschen

Blaue Lagune
blaue Speisefarbe
Zitronenlimonade
Zitronen- und
   Kiwischeiben

3 **Zauber der Nacht:** Einige Eiswürfel in ein hohes Glas geben. Johannisbeersaft darübergießen. Vorsichtig mit Cola auffüllen. Mit Kirschen garnieren.

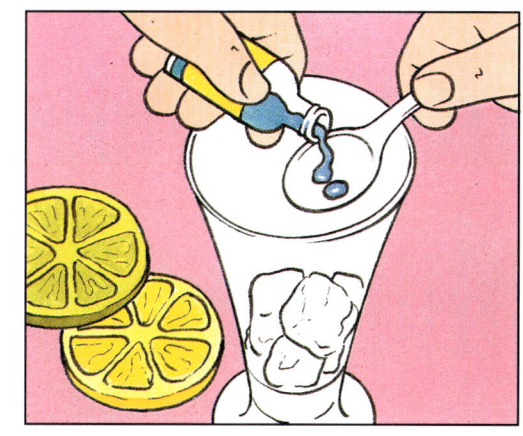

4 **Blaue Lagune:** Glas zur Hälfte mit Eiswürfeln füllen. 2 bis 3 Tropfen blaue Speisefarbe hinzufügen und mit Zitronenlimonade auffüllen. Mit Zitronen- und Kiwischeiben garnieren.

Milchshakes

Milchshakes sind nicht nur erfrischend, sondern auch gesund. Zu einem Butterbrot oder etwas frischem Obst gereicht, sind sie eine ideale Zwischenmahlzeit. Zur Geburtstagsparty kannst du Milchshakes in hohen Gläsern mit einem Strohhalm und allerlei lustigen Verzierungen servieren.

2 Milch und Eis hinzufügen und die Mischung mit dem Schneebesen schaumig schlagen. In ein Glas gießen und mit geraspelter Schokolade garnieren.

1 **Schokoladenshake:** Kakaopulver und Zucker mit etwas heißem Wasser anrühren, bis sich alle Klümpchen gelöst haben.

3 **Pfefferminzshake:** Angegebene Zutaten in eine Schüssel geben und mit dem Schneebesen schaumig schlagen. Bei Bedarf noch etwas nachzuckern.

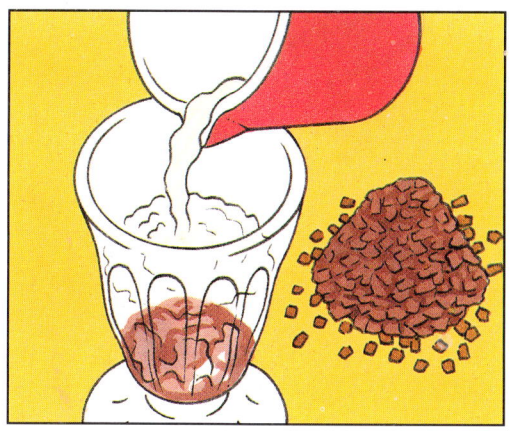

4 **Kaffeeshake:** Heißes Wasser über den löslichen Kaffee gießen. Zucker hinzufügen und umrühren. Vier Eiswürfel in ein Glas geben und mit dem Kaffee auffüllen. Milch hinzufügen. Nicht umrühren! Wenn du möchtest, kannst du noch etwas geraspelte Schokolade darüberstreuen.

Für ein Glas brauchst du

Schokoladenshake
1 Teelöffel Kakaopulver
1 Teelöffel Zucker
250 ml Milch
1 Kugel Schokoladeneis
geraspelte Schokolade

Pfefferminzshake
250 ml Milch
1 Kugel Pfefferminzeis
 mit Schokostücken
½ Teelöffel
 Pfefferminz-Essenz

Kaffeeshake
150 ml Milch
1 Teelöffel
 löslichen Kaffee
2 Teelöffel Zucker
100 ml heißes Wasser
Eiswürfel

Festtagsmenü

Hast du erst einmal ein paar der in diesem Buch vorgeschlagenen Gerichte nachgekocht und erste Kocherfahrungen gesammelt, kannst du dich an ein Festmahl für die ganze Familie oder ein paar Freunde wagen. Auf den folgenden Seiten zeigen wir dir, wie man ein solches Menü zusammenstellt und zubereitet. Die meisten Gerichte lassen sich im voraus gut vorbereiten, so daß du genug Zeit zum stilvollen Servieren hast und das Essen auch selbst genießen kannst.

SPEISEKARTE

Vorspeise
Krabbensalat mit Ei

•

Hauptgericht
Schmorhühnchen mit Gemüse
Kartoffelgratin

•

Nachspeise
Baisertorte mit Früchten

Krabbensalat mit Ei

Krabbencocktail ist genau die richtige Vorspeise für ein Festtagsmenü. Unser Cocktail wird mit hartgekochtem Ei und Mayonnaisedressing serviert und mit gebutterten Toastecken garniert.

1 Eier in einen kleinen Topf legen und so viel kaltes Wasser darübergießen, daß sie gerade bedeckt sind. Auf großer Flamme zum Kochen bringen, dann die Hitze zurückschalten und 10 Minuten kochen lassen. Topf vom Herd nehmen und Eier mit kaltem Wasser abschrecken. Eier schälen und hacken.

2 Kopfsalat waschen, trocknen und in schmale Streifen schneiden. Vier Salatteller damit belegen.

3 Für das Dressing alle angegebenen Zutaten vermischen und gut verrühren. Krabben und gehackte Eier vorsichtig unterheben.

SICHER IST SICHER: *Für den Umgang mit dem Küchenmesser brauchst du die Hilfe eines Erwachsenen.*

4 Krabbencocktail auf die vier Teller verteilen. Jeweils mit einer Zitronenscheibe garnieren und etwas Cayennepfeffer darüberstreuen.

Für 4 Personen brauchst du

2 Eier
200 g geschälte frische Krabben
1 Kopfsalat

Dressing
4 Eßlöffel Mayonnaise
1 Eßlöffel Tomatenketchup
1 Eßlöffel Naturjoghurt
1 Teelöffel Zitronensaft
1 Spritzer Worcestersauce
Cayennepfeffer
Salz und Pfeffer

Für 4 Personen brauchst du

4 Hühnchenteile, enthäutet
2 Eßlöffel Mehl
2 Eßlöffel Sonnenblumenöl
4 Scheiben Frühstücksspeck
2 Stangen Sellerie
2 kleine Pastinaken oder
  Petersilienwurzeln
100 g kleine Champignons
4 große Karotten
1 große Zwiebel
½ l Hühnerbrühe
  (Brühwürfel)
1 Teelöffel gemischte Kräuter
Salz und Pfeffer

Schmorhühnchen mit Gemüse

Aromatisches Gemüse und zartes Hühnchen in würziger Sauce – da läuft einem schon beim Kochen das Wasser im Mund zusammen! Das Gericht wird in einer ofenfesten Form mit Deckel gegart und kommt direkt aus dem Backofen auf den Tisch. Es sieht toll aus und wird zusammen mit dem Kartoffelgratin von Seite 92 serviert.

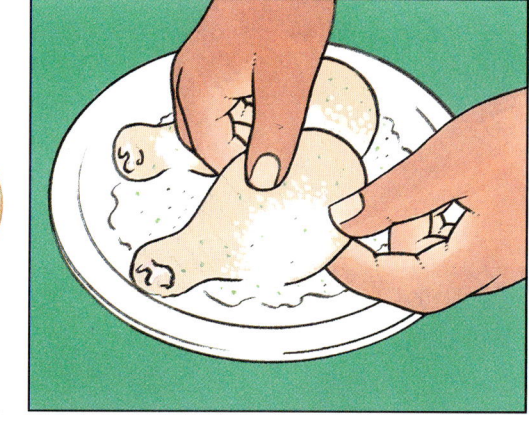

1 Mehl, Salz, Pfeffer und gehackte Kräuter auf einem Teller vermischen. Hühnchenteile darin wälzen, bis sie gleichmäßig mit Mehl bedeckt sind.

SICHER IST SICHER: *Für den Umgang mit dem Küchenmesser und beim Backen und Kochen brauchst du die Hilfe eines Erwachsenen.*

2 Zwiebel hacken und Speck in Streifen schneiden. Zwiebel und Speck in etwas Öl bei schwacher Hitze glasig dünsten. Hühnchenteile hinzufügen und anbraten. Wenn sie braun sind, in eine ofenfeste Form legen. Backofen auf 170 Grad / Gas Stufe 3 vorheizen.

3 Karotten, Sellerie und Pastinaken (wahlweise Petersilienwurzel) schälen und in Scheiben schneiden. Gemüse bei geringer Hitze in der Pfanne dünsten. Das restliche gewürzte Mehl zufügen und kurz unter Rühren anbräunen.

4 Mit Brühe aufgießen, sorgfältig umrühren und dabei den Ansatz vom Pfannenboden schaben, bis die Sauce dicklich wird. Zuletzt Champignons hinzufügen.

5 Gemüse über die Hühnchenteile häufen. Aufpassen, daß du dich nicht verbrennst! Einen Deckel aufsetzen und etwa 1 Stunde und 20 Minuten im Backofen schmoren lassen.

Kartoffelgratin

Dieser leckere Kartoffelauflauf ist genau die richtige Beilage zum geschmorten Hühnchen von Seite 90. Die beiden Gerichte passen nicht nur geschmacklich gut zusammen, sondern können auch gemeinsam bei gleicher Hitze und gleich lange im Backofen gegart werden.

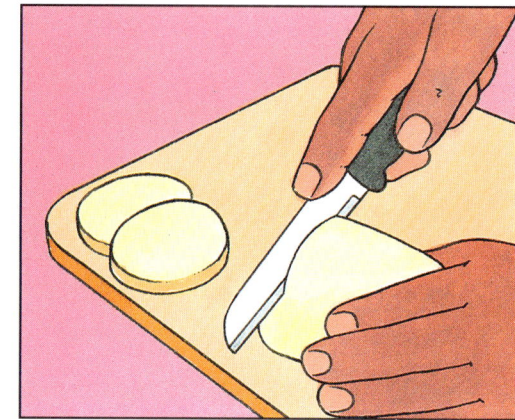

1 Kartoffeln mit dem Sparschäler schälen und mit dem Küchenmesser in ganz dünne Scheiben schneiden.

SICHER IST SICHER: *Für den Umgang mit dem Küchenmesser und beim Backen brauchst du die Hilfe eines Erwachsenen.*

2 Ofenfeste Form ausfetten und eine Schicht Kartoffeln einfüllen. Butterflöckchen aufsetzen und etwas salzen und pfeffern.

3 Restliche Kartoffeln dachziegelartig darüberschichten. Zwischen jede Lage Butterflöckchen legen und salzen und pfeffern.

4 Nun die Milch darübergießen und weitere Butterflöckchen aufsetzen, damit die oberste Lage beim Backen knusprig wird. Gemeinsam mit dem Hühnchen 1 Stunde und 20 Minuten im Backofen garen.

Für 4 Personen brauchst du

1 kg Kartoffeln
2 Eßlöffel Butter
300 ml Milch
1 Teelöffel Salz
Schwarzen Pfeffer

Baisertorte mit Früchten

Sieht diese Torte nicht toll aus? Niemand wird dir glauben, daß du sie selbst gemacht hast! Baiser mit Schlagsahne und allerhand frischen Früchten – Erdbeeren, Himbeeren, Kiwis oder verschiedene Sorten gemischt – das schmeckt einfach unübertrefflich!

1 Eier aufschlagen und in eine Rührschüssel gleiten lassen. Eigelbe vorsichtig mit dem Löffel herausheben. Achtung: Die Rührschüssel darf auf keinen Fall fettig sein und das Eiweiß darf keinerlei Reste von Eigelb enthalten!

Du brauchst

Eiweiß von 3 großen frischen Eiern
150 g Zucker
250 ml Schlagsahne
350 g weiches Obst

2 Eiweiß steif schlagen, löffelweise den Zucker hinzufügen und zu Eischnee schlagen. Backofen auf 150 Grad / Gas Stufe 2 vorheizen.

SICHER IST SICHER: *Beim Backen brauchst du die Hilfe eines Erwachsenen.*

3 Backblech mit Backpapier auslegen und Eischnee kreisförmig daraufhäufen.

4 Aus dem Eischnee mit der Gabel einen »Krater« formen. Die Torte in den Backofen schieben. Temperatur auf 140 Grad / Gas Stufe 1 zurückschalten. 1 Stunde backen. Ofen ausschalten, aber Baiser mindestens weitere 2 Stunden – besser noch über Nacht – im Ofen trocknen lassen. Dann vorsichtig herausnehmen und Backpapier abziehen.

5 Sahne schlagen und kurz vor dem Servieren in den »Krater« der Baisertorte häufen. Mit Obststücken garnieren.

REGISTER

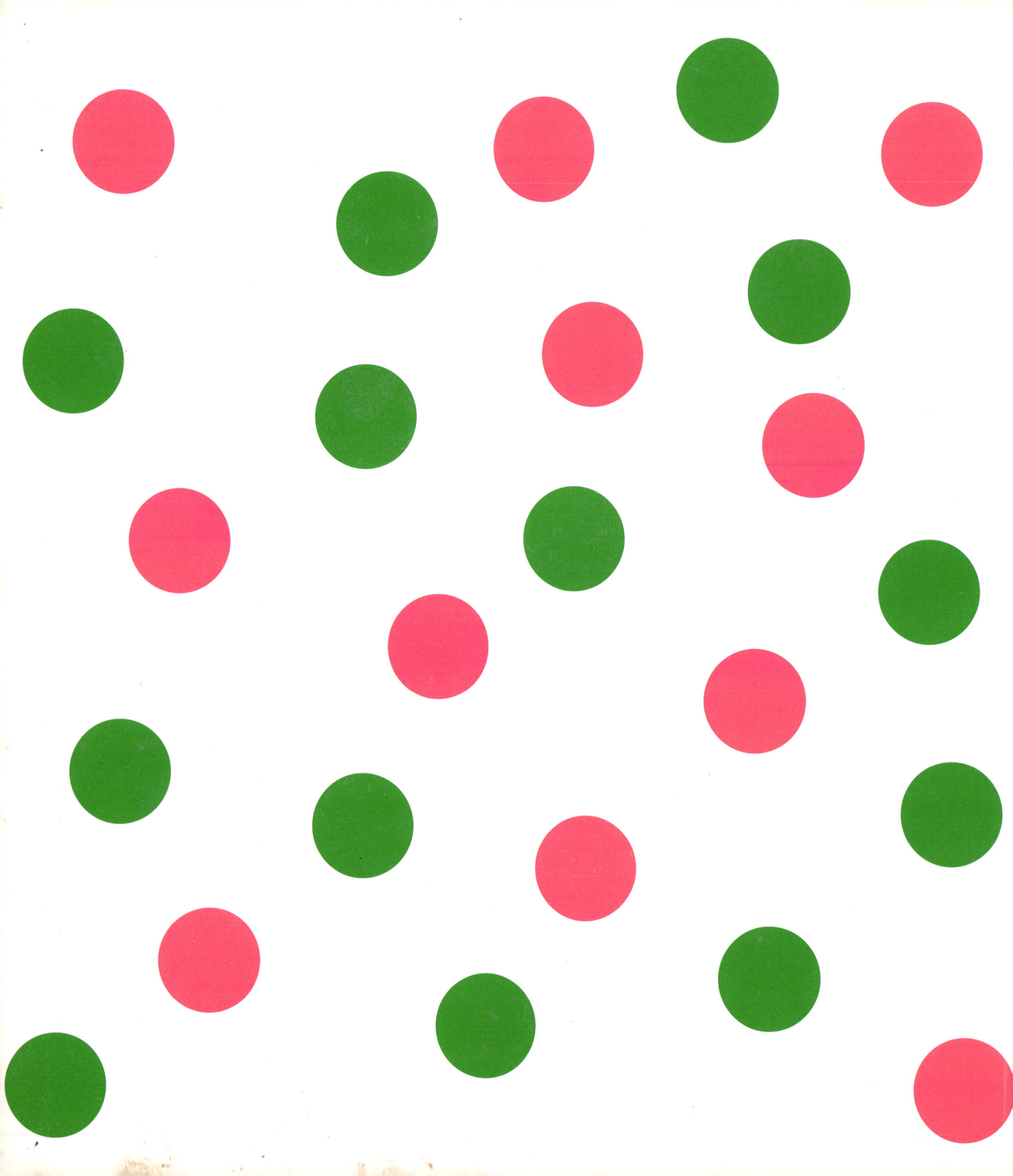